ふるさとを再生させるまちなみイラストのチカラ

共感と感動が「ひと」と「まち」を変える

利根川英二

新星出版社

イラストはがき

イラストはがきはまちなみイラストのもっともポピュラーな商品化のスタイルだ。
お世話になった方へ送るだけでなく、種類も多いのでコレクションにも向いている。

マーチング活動がスタートする
きっかけとなった「聖橋」
写真提供：湯島本郷マーチング委員会

令和元年を祝い、
皇居二重橋を描いたもの
写真提供：湯島本郷
マーチング委員会

長崎くんちから大黒町の唐人船の様子を
描いたものと長崎の名物料理トルコライス
画像提供:ながさきマーチング委員会

JR奈良駅と国立博物館を柔和な
タッチで描いたもの
画像提供:奈良マーチング委員会

特選 10 枚セット

JR東日本のイベント「駅からハイキング」の参加者限定商品として使われたもの。実際に歩いたコースの風景を楽しめる10枚セット。写真提供:湯島本郷マーチング委員会

切手シート

まちなみイラストを使用したフレーム切手のセット。地域の懐かしい場所や観光名所、お祭りの風景など、手紙に貼ることで地域の雰囲気を伝えることができる。

地元の風景イラストを描いた切手シートはすぐに完売し、新聞記事にも大きく取りあげられた

弘前城と下乗橋を描いたもの。はがきとあわせて使いたい
写真提供：津軽ひろさきマーチング委員会

文京区花の五大まつりにちなんだ切手シート
写真提供：湯島本郷マーチング委員会

東大赤門のイラストを使った本格焼酎を商品化
写真提供：湯島本郷マーチング委員会

山形市内にある３つの酒蔵のお酒をセットにしたもの
写真提供：やまがたマーチング委員会

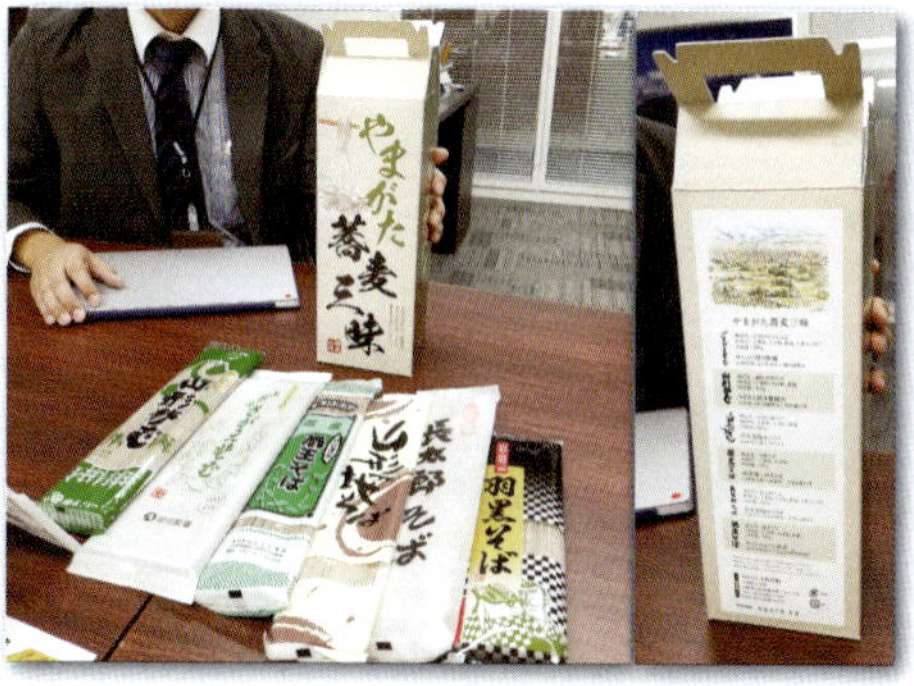

地元の乾麺屋さん六社の製品をまとめてオリジナルパッケージに入れた「蕎麦三昧」

酒・そば

地酒のラベルや地域の名物料理のパッケージなど、まちなみイラストの需要はとどまることを知らない。同じ商品に差をつけるには、相手に与えるイメージが重要だ。

一筆箋・メモ帳

まちなみイラストの入った一筆箋やメモはメッセージに彩りを添える。実用性も高く、土産物の需要として価値が高いものになっている。手紙や書類に添えるように使いたい。

上質な紙と落ち着いた古都の雰囲気が上品な印象を与える　画像提供：奈良マーチング委員会

１枚めくるごとにイラストが変わっていく一筆箋
写真提供：湯島本郷マーチング委員会

長崎名物のたべものがポップな印象を与える一筆箋
画像提供：ながさきマーチング委員会

優美なイラストが描かれたメモ帳は能登の風景を巡った気持ちになれる
画像提供：石川マーチング委員会

商工会議所やロータリークラブ、観光協会が作成した駅の案内マップなどにも使われている
写真提供：やまがたマーチング委員会、東葛マーチング委員会、ながはまマーチング委員会

東大の建物が描かれた、まちイラスト付きポチ袋
写真提供：湯島本郷マーチング委員会

足立区のまちなみイラストを使用したカレンダーが作成された
写真提供：あだちマーチング委員会

各種印刷物

まちなみイラストは会報、カレンダー、ポチ袋など、どんなものにも優しい印象を与えてくれる。印刷物のすべてにはイラストの需要が隠れているといっても過言ではない。

クリアファイル

イラストをワンポイントで、あるいは大きくあしらったクリアファイルも人気の商品だ。いろいろな場所に持ち歩くことで、地域の話題をするきっかけに使いたい。

長崎ランタンフェスティバルの風景を描いた、鮮やかな色のクリアファイル
画像提供：ながさきマーチング委員会

東大の赤門と安田講堂のイラストが入ったクリアファイルは東大生に好評だ
写真提供：湯島本郷マーチング委員会

イラスト展

マーチング活動の根幹はイラスト展にある。こんな場所があった、あんな場所で遊んだ等、見知らぬ人同士でもふるさとの良さを語り合える、そんな空間が作り出されている。

伊予銀行道後支店で行なわれたイラスト展より
写真提供：いよマーチング委員会

浜松町ビルの休憩フロアに全国32ヵ所のマーチング委員会のイラストを公開している
写真提供：浜松町・芝・大門マーチング委員会

「先義後利」

先に義を果たす事によって後に利がついてくる

目次

イラスト　上野啓太、あだちマーチング委員会、石川マーチング委員会、いよマーチング委員会
いわきマーチング委員会、かめおかマーチング委員会、くまもとマーチング委員会
東葛マーチング委員会、津軽ひろさきマーチング委員会、ながはまマーチング委員会
ながさきマーチング委員会、奈良マーチング委員会、浜松町・芝・大門マーチング委員会
福博よかよかマーチング委員会、湯島本郷マーチング委員会、横浜マーチング委員会

編集協力　立岡ふじ美（合同会社リーブクリエイション）

ブックデザイン　有限会社クマガイグラフィックス

はじめに

日本各地では地域の高齢化、過疎化、後継者不足、商店街の衰退など多くの課題が山積している。**地方創生が叫ばれて久しいが、それを成功させるためには絶対に必要な条件**があると思う。

それは、「**住んでいる人が自分のまちを好きであり、まちの魅力を自慢できること**」。

行政がいくら立派な箱ものをつくっても、立派なｗｅｂサイトをつくっても、「そこに住みたい」「そこに行きたい」という気持ちを喚起することにはつながらない。

そこに住んでいる人、生活をしている人たちが「このまちにはこんな魅力がある」「ここにはこんないいところがある」と発信していくことが、重要なのだ。

その発信の方法のひとつとして、私たちが行なっている『マーチング委員会』の活動を紹介しているのが本書である。

マーチングとは、「まち＋ｉｎｇ」の造語で、まちのイラストでまちの魅力を発信すること。マーチング委員会とは、自分たちの住む地域の風景をイラストにして発信する「イラストでのまち自慢＆まちおこし」の活動だ。

つまり、**故郷の魅力を再発見する活動ともいえる。**

イラストにする風景は、よく通る道、いつも見ている山や川、懐かしい遊び場、慣れ親しんだお寺や神社、通った学校、買い物をしてきた商店街……。

特別有名なところや観光名所がなくてもいい。人々が脈々と生活を営み、幸せを感じているその場所こそが、魅力にあふれている場所なのだから。

私たちはそのような風景を、そこに住んでいる人たちが自信をもてるようなすばらしいイラストにして、さまざまな活動に展開してきている。

あらためて地元を見つめて意外な魅力を発見すること、それを私は「**足元に転がっている魅力を見つけるおもしろさ**」と言っている。

マーチング委員会が発足してから10年以上が過ぎた。

私が自分の故郷で始め、現在は全国64ヵ所にまで広がったマーチング委員会。北は北海道から南は沖縄まで、各地のせまいエリアごとの一隅を照らすような活動が実を結んできていることを実感している。

私が住んでいるところは、東京都文京区湯島。そこに根ざす湯島本郷マーチング委員会の活動として、自分の家からだいたい1㎞圏内の湯島本郷地域をイラストに描いてもらっている。いくつもの坂道、風情ある路地、いつも使っている交差点、学校、公園、お店などのイラストを見た地元の人たちが、懐かしい気持ちになったり、地元のよさを再認識したりするきっかけを生み出しているのだ。

それは、日本のどこにでもある日常の風景そのもの。

東京都文京区の湯島や本郷というと、都会だと思われるかもしれないが、のどかな雰囲気のところ、時間が止まったままのような場所も存在しているのだ。住んでいる人だけが知っているこのまちの魅力であり、誇りという価値である。

たとえば、私が子どもの頃よく遊んだ通称「湯島天神」（湯島天満宮）の境内の池にはたくさんの鯉やミズスマシがいた。放課後は友だちと「沼のようだね」といいながら池で遊び、空が暗くなるまで境内で過ごしていた。全国的には合格祈願で有名な湯島天神でも、私たちにとっては格好の遊び場であり、親しんでいる公園だった。

もちろん、地方にあって都会にないすばらしい風景もたくさんある。自然や史跡などだけでなく、たぶん地元の人は「当たり前」と思っているものが、外から見れば「素敵な風景」になるのだ。

たとえば、いつも筍を取りに行く山や地元の人しか知らない草花の群生が見られる場所などは、外から訪ねた人には名前のついた山でしかなくても、そこに住んでいる人にとってはそれぞれのエピソードやストーリーがある山だ。

そうした人々の思いを喚起するツールとなるもの。それがまちなみイラストだ。

自分のまちが好き、自分のまちの魅力を知っていることが地方創生に必要な条件だが、その基礎となるのがまちのあちこちを散策してまちの魅力を発見することだ。

これがマーチング委員会の活動の基本でもある。

毎日習慣的に通っている道も、視点を変えてみてみると、自分のおじいさんもおとうさんもこの道を歩いて学校に通ったんだと愛《いと》しくなる。

子どもの頃に楽しみだった神社のお祭り。参道の両側に並ぶ屋台にわくわくしたけれど、大人になるとこんなにせまい道だったのかと思いつつも、あの祭りのにぎわいが遠くに聞こえてくるような気がする。

故郷には、そのような思いが感じられる風景がたくさんある。

故郷の懐かしいまちなみは人の心をやさしくする思い出や絆の宝庫。

それはせわしない現代社会のオアシスともいえるのではないだろうか。

まちなみをイラストで表現することでまちの魅力を再発見し、それを見たひとが共感する。ビジネスの手法としては、イラストに感動するという**体験によってお客様の購買や満足を生み出す「エクスペリエンス・マーケティング」**でもある。

本書を読み、故郷への思いを新たにするもよし、まちおこしのヒントにするもよし、あなたの心に一石を投じられればと願っている。

2019年7月　利根川英二

第1章

まちなみイラスト誕生物語

幼なじみ同士から生まれた1枚の絵

私は1959年、東京都文京区湯島生まれ。現在まで湯島から離れたことがない、生粋の湯島っ子である。

父・利根川政次は1947年5月に利根川印刷（現・株式会社TONEGAWA）を創業した。2019年の時点で、この会社は70年あまりの歴史を有し、創業者である父も、2代目の社長だった兄・利根川政明も亡くなり、私が3代目の社長を務めている。

昔、私のような湯島っ子の遊び場といえば、湯島天神の境内やまだ交通量の多くない道路だった。ワンパクだった私は近所の友だちとよく駆け回って遊んだものだ。

そんな遊び仲間たちは、そのまま、湯島小学校に入学し、そこでまた6年間一緒に過ごす。いわば竹馬の友だ。

その中に、〝ウエケン〟こと上野啓太がいた。

そもそも、ウエケンとは親の代から親しくしていた。彼は父の床屋を継がずに好きなイラストの道に進んでいる。地元の第4中学校を出て本郷高校デザイン科を卒業後、そのまま母校の助手を務め、その後はフリーのテクニカルイラストレーターとして、新聞・雑誌・カタログなどを中心に活躍していた。

ウエケンの母は、息子がフリーのイラストレーターになったとき、私の父に「利根川印刷さんで何かお仕事がありましたらよろしくお願いします」と話していた。父は親しい上野家のことなので、会社で手がけるいろいろな制作物のイラストをウエケンに発注するようになっていった。

私は、中学から私立玉川学園に進学したので、地元の中学校に行ったウエケンとは小学校卒業で交流がいったん途絶えており、このことを知らなかった。

大学卒業後、父の経営する利根川印刷の営業職に就いた私は、お客様へのお礼状を書くのに、地元らしいはがきが作れないかと考えていた。

せっかく出すのだから、心のこもったもので、お客様に印象的なものがいい。

……地元の名所を刷り込んだはがきにしたらどうだろうか。

しかし、写真を入れたはがきではなんの変哲もないしなあ。

求めているのはそんなものではないんだ。

もっと、うちらしさを出せるもの。

もっと、お客様の心に残るもの。

そんな思いは次々と浮かんだが、具体的なアイデアには結びつかなかった。

そんなとき、地元出身の優秀なイラストレーターがいるから彼に風景を描いてもらったらどうか、という案が社内で浮上した。

そのイラストレーターこそ、あの〝ウエケン〟だったのだ。

早速連絡を取り、直接話をすることにした。

「おお、ウエケン！　久しぶり！」

「とねちゃん、おやじさんの会社にいたんだ、あいかわらず元気だなあ！」

何十年ぶりかの再会を喜び合いながら、私は早速、自分の思いを熱く語った。

「地元の名所をイラストにしたはがきで、お客様に感謝の気持ちを伝えたいんだ。すぐに利根川印刷だとわかるようなはがきを作りたいんだ」

私の思いが伝わったのか、ウエケンも乗り気になってくれた。

私は1枚の写真をウエケンに差し出した。

「これを描いてよ」

写真は、お茶の水の聖橋《ひじりばし》を撮ったものだ。

なぜ、地元の名所として聖橋を選んだか。

それは、利根川印刷があるお茶の水のシンボル的な場所として、誰が見ても「あ、ここは聖橋だ、お茶の水だ」とわかるからだ。

神田川に架かった聖橋は駿河台（千代田区）と湯島（文京区）を結び、本郷通りにつながっている。両岸にある湯島聖堂とニコライ堂を結ぶことから、聖橋と命名された。**お茶の水を表すのにこれほど象徴的な橋は他にない**。うちの会社に来たことのある取引先ならば、これを見ればすぐに「あ、利根川印刷さんに行くときにあった」「ああ、これは利根川さんところのそばだね」と**共感してもらえる。そういう場所がとても大事だった。**だから、描いてもらう場所の選定に迷いはなかった。

ウエケンは聖橋の写真をじっと見て「わかった」と頷いた。

幼い頃の思い出がふと蘇る。一緒に学んだ湯島小学校時代、当時は学生運動が盛んな時期で、道路に機動隊が集結したり小学校に催涙ガスが漂ってきて午後から休校になったりしたが、それでも私たちはのびのびと育った。ウエケンとあんな遊びもした、こんなこともしたと思い出していると、何十年もの長いブランクを忘れて、幼なじみ同士でわかりあえる感覚があった。

その後、数日経って、ウエケンが出来上がったイラストを会社に持って来てくれた。目の前に置かれた1枚の絵。

写真で見せた聖橋は、ウエケンの手により、やさしく心に残るお茶の水の風景として見事に描かれていた。それを見た瞬間、体中がぶるぶる震えるほどの衝撃を受けた。

「これだよ、これ！　こういうのが欲しかった！　すごくいいよ‼」

興奮している私を前にして、ウエケンもうれしそうにしている。

まったくおおげさな表現ではなく、このとき、私は脳天からパシッと何かに打たれたような思いがした。天啓を得る、とはあんな感じを言うのではないだろうか。宇宙から何か大きなミッションをいただいたように感じたのである。**尊敬している経営者の松下幸之助氏も稲盛和夫氏も「宇宙からの教え」を説いている。「宇宙の意思と調和する心」というのは稲盛氏の盛和塾のフィロソフィーだが、まさしく同じことをウエケンの描いたイラストによって私は得ることができたのだ。**

この感動した体験こそが、『マーチング委員会』活動のきっかけとなった。

出来上がった聖橋のイラストを入れたはがきで出したお礼状は、お客様からたいへん喜ばれた。「印象的ですね」「ああ、お茶の水の利根川印刷さんね、とよくわかる」と好評で、よりよい関係を築いていくことにつながったと思う。私はせっせとこのイラストはがきでお礼状を出して営業の仕事に取り組んでいった。

生まれ育ったまちの魅力を知る

それから月日は流れて、デジタル印刷機が登場した。私はその最新機を活用して地域の風景を観光はがきにしようと思い立ち、早速、はがきにする場所を探し始めた。最初は、妻と一緒に車で行動した。妻が運転し、私が「この場所はどうか」と思うところで車を停めてもらい、助手席の私がカメラのシャッターを押す。そうやって、東大の赤門や湯島天神参道をはじめ、いろいろな場所を集めていった。

この写真を早速デジタル印刷機にかけてはがきにしたところ、なんだかピンとこない。その全てが写ってしまって「生」っぽいのである。

そこで私はあの聖橋のイラストのはがきで得た感動を思い出し、気がつくとウエケンに電話をしていた。

「これをイラストにして、湯島本郷百景にしたいんだ」

ウエケンを呼び出し、私が撮り集めた写真を見せて湯島本郷百景の構想を語ると、彼は「とねちゃん、どんなタッチがいいの？　俺はどんなのでも描ける」と言う。

ウエケンは長年広告業界で活躍してきただけあって、クライアントのオーダーに応じてエアブラシを使った精密なものからかわいいタッチのキャラクターまで自由自在に描けるのだという。

百景となると、幅広い年代、多くの人に楽しんでもらえるものでないと……だから、個性的なタッチより、写実的なほうが受け入れられやすいのではないか。

そう考えた私は、好き嫌いがでないように、遠近感のある写実的なタッチにしたいと伝えた。

こうして、とねちゃん&ウエケンのコンビによる湯島本郷百景づくりが始まった。

写真から起こしたパースのような下書きにウエケンは水彩で丁寧に色づけをしていく。色合いは淡く、やさしく、和む雰囲気を醸し出している。

ウエケンが描きあげるほどに、このイラスト百景は絶対にいいものだ、皆に喜ばれるぞと私は確信を強めていった。

それからは、ウエケンと2人で地元を回ってはイラストにする場所を選んだ。移動手段は自転車だ。**まるで子どもの頃に戻った気持ちで、わくわくしてくる。**

私たちが通っていた小学校、なじみの坂道、東大の周り、昔からあるお店、お寺や神社……。

さりげない日常生活の空間から寺社仏閣まで、それぞれの場所に思いを募らせながら写真を撮る。それをウエケンがイラストにする。

大人になってからは日常の忙しさに追われてゆっくり地元を回ることも少なくなっていたので、**地元の変化を感じながらも「やっぱりこのまちっていいよなあ」と再認識するよい機会にもなった。**

これがなかったら、当時の私はほとんど自宅と会社を往復するだけの生活だったかもしれない。

「湯島本郷マーチング委員会」発足

ある程度、イラストの枚数が揃った２００８年5月、私は湯島天神の宮司に会いに行った。ここは地元の代表的な神社で、父の代からお世話になっている深いご縁があり、宮司は青年会議所（ＪＣ）の大先輩でもあった。もちろん、湯島本郷百景でも湯島天神やその周辺はいくつも描いている。

イラストを見せて、湯島本郷百景の説明と自分の思いを語った。

宮司は頷いて「利根川さん、とてもいいことをやっていますね。よかったら、祭礼のときにうちの回廊を使ってこのイラストの展示会をやったらどうですか？」と言ってくださるではないか。願ってもない話だ。私はありがたく受けることにした。

インタビュー「このひとに聞く」

湯島天満宮 宮司 押見守康氏

――湯島天満宮の絵を初めて披露されたときの感想は？

写真とは違う手描きの温かみのよさをしみじみと感じました。しかも、いつもの風景が絵となってこちらの心にストレートに飛び込んでくる感動があったのです。これは自分たちの住んでいるまちのよさを皆さんにもっと知ってもらおうという、まちの応援団のような活動だと思い、すぐに協力を申し出ました。

――初めての活動なので理解を得るのがたいへんだったのですが、宮司は最初から協力してくださいましたね。

これまでになかったものを初めてやることに挑む勇気に拍手を送りたかったのです。というのも、私自身が湯島天満宮の宮司になってから連続で新しいことへ挑戦していたからです。

私が赴任した約半世紀前の湯島天満宮は、グラウンドのネットのような金網で囲ってあり、境内には子どもの遊び場や相撲の土俵があって、子どもたちの遊び場になっていました。天神下に住む子どもたちはランドセルを背負って男坂の階段を上がって境内を通って湯島小学校へ、会社勤めの方は男坂や女坂を通って当時の国鉄の御徒町駅へ行く通り道になっており、いずれも皆さん、ここを通って参拝して出かけていったものです。今でもそれは続いており、神社では毎朝参道を掃除し水を打って清めています。ここは湯島に暮らす方々の日常の生活とともにある存在なんですね。

当初、神社の人員は私ともう1人しかおらず、何でも自分でやっていました。受験合格祈願の申込用紙の作成もそのひとつ。まだコピー機などない時代で、私が鉄筆で書いてガリ版を刷って。その申込みの数がだんだん増えてきて大変になってきたある日、地方の業者さんから絵馬の売り込みがあったんです。戦時中には出征する息子の武運長久を祈願するために絵馬が奉納されていました。祈願絵馬か……私はそこで、受験合格の祈願絵馬を作成してみようとひらめきました。祈願にはガリ版刷りの紙よりも絵馬のほうがずっと気持ちが込められると思ったからです。そこで絵馬の裏面に受験者の住所と氏名、志望校、受験日を書けるようにして、表面には神社の使いである牛の絵を入れました。それがとても好評で、たちまち人気になりました。宮司の私がその絵馬を持って受験合格祈願のお祓いをします。お祓いのあとの絵馬をどうするかと考えて、絵馬掛けをつくることも思いつき、自分で天神下の金物屋さんから五寸釘を買ってきて、垂木に絵馬掛けをこしらえました。

このような合格祈願絵馬をつくったのは全国でもうちが初めてだと思います。新聞、雑誌、テレビなどでも取りあげられ、受験祈願絵馬が山ほど掛けられた絵馬掛けは湯島天満宮の特徴的な風景となり、今では全国から多くの受験生が合格祈願に足を運ぶ神社になっています。受験祈願鉛筆なども私のアイデアで作りました。

何でも最初にやることは苦労も伴うもの。「何をやっているの?」「そんなことをやって成功するのか?」それは私も言われて来た言葉であり、マーチング活動を始めた利根川さんも同様の経験をしたことでしょう。

――ふるさとの魅力という価値観についてはどう思われますか?

都会でも地方でも、変わらないのは鎮守の森です。ビルに囲まれた鎮守様もあれば、文字通り森に囲まれた鎮守様もある。自分が生まれ育った場所の鎮守様は、子どもだったときに遊んだりお祭りに行ったり参拝したりとたくさんの思い出がある場所。いかなる時代になろうが、粛々と守られてきた、変わらないもの。それは心のよりどころであり、心のふるさとだと思います。まちなみイラストもまさに心のよりどころとなる風景といえるのではないでしょうか。

地元の湯島小学校は２０２１年に開校１５０年。全国でもそれほどの歴史のある小学校はほとんどありません。私が校長先生をはじめ先生方に言うのは、「この学校で学べてよかった」と誇りに思う子どもを育ててくださいということ。

その思いは、「ここで生まれてよかった」というふるさとの風景のイラストを見る気持ちとまさしく一致します。

自分たちの故郷をイラストにして感動する、それを喜ぶ人の輪が大きくなる、他の地域でもやってみようと広がっていく……その感動のバトンリレーをこれからも応援していきたいと思っています。

これは個人の趣味で終わらせてはいけない。これから活動を広めていくことを念頭に**組織としてきちんと形にしたいと、2008年5月21日、「湯島本郷マーチング委員会」を発足した。**

「マーチング」とは、「まち＋ｉｎｇ」であり、まちが広がって行くイメージを表現した造語だ。まちのイラストでまちの魅力を自慢したり、まちおこしにつなげていったりする活動という意味を込めている。

こうして、湯島本郷百景のイラスト展を湯島天神の回廊で開催することになった。それに合わせて、百景のイラストをはがきにして、会場で販売することにした。

イラスト展は大盛況。みな、回廊のイラストを見ながら、立ち止まり、頷き合い、いろいろなことを話している。

地元の方々からは**「わあ、懐かしい」「ここは変わってないねえ」「昔よく遊んだところだ」**などという声が多く聞こえてきた。湯島天神に来て偶然にこのイラスト展を見た方からは**「へえ、湯島にもこんなところがあるんだ」「ここ、素敵だね、今度**

行ってみようか」など、まちへの関心を深めてもらえるような感想が多かった。

さらに**「地元の景色のイラストっていいねえ」「このイラストのはがき、欲しい」**という賛同の意見がたくさんあり、私自身が予想したよりもはるかに大きな手応えを得られたのである。

これをきっかけに、地元では湯島本郷マーチング委員会の活動が知られて、広がっていった。

その後は、本郷郵便局や文京区役所でもイラスト展を開催した。

２００９年には地元の郵便局で発行する切手シートにこのイラストを使うことも実現した。すると、新聞記事に大きく取りあげられた。地元の風景イラストが切手シートになることなどなかなかないからだ。地元の風景のはがきに同じく地元の風景のイラストの切手を貼って出す、それは最高の地元アピールになる。この切手シートは７０００枚がたちまち完売した。好評につき、翌年の２０１０年７月にも第二弾の切手シートが発売された。

さらに、ＮＨＫのニュースで私たちの活動が紹介されると、かなり反響があった。

約10分放映されたもので、私とウエケンが自転車で地元を回る様子、百景イラストはがきで友人に便りを書いている方、リハビリを兼ねて本郷湯島百景に描かれている場所をご夫婦でこつこつと歩いて訪ねる方などが紹介されている。また、水彩画タッチで描くことの意味を、ウエケンは**「淡いタッチのイラストなら、誰の心にもすうっと入っていける。まちの中で散歩している感じが出せればいいなと思って」**と番組中で語っている。ありがたいほどの宣伝効果の得られた放送だった。

その後も、私たちは地道に活動を続けていった。

まちの魅力を掘り起こしていくと、楽しくて仕方がない。「こんな素敵なところで自分は生まれ育ったんだ」という誇りもある。

どの地域にも歴史のレイヤー（層）がある。江戸、明治、大正、昭和、平成……それぞれの時代をつなぐ縦糸をきちんと結んで捉えていくと、今現在のまちのあり方、自分たちが住んでいる幸せを感じることが出来る。

私が住む湯島本郷地域でいえば、お茶の水駅からすぐのところにある東京医科歯科大学には、かつて東京高等師範学校と東京女子高等師範学校があった。

そのそばには、江戸幕府の馬の教練場や、学問を教える施設である昌平坂学問所があった。湯島聖堂も、江戸幕府五代将軍徳川綱吉によって建てられた孔子廟から幕府直轄の学問所となったものだ。この辺りは弓道を教える弓道場も多く、弓道担当の旗本もいた。

やがて幕末になると、鹿児島弁や長州弁などお互いに意味がよくわからない言語が江戸に飛び交うようになる。そこで言葉を統一するために、明治3年、初めて共通の言語として江戸弁を教える学校ができたのが、小学校の始まりだ。

明治5年に学校制度ができたときには、番町小学校、私の通った湯島小学校など6つの小学校が江戸にできた。

その後、明治19年にできた帝国大学は、大学本校（旧昌平坂学問所）だった起源を持ち、現在は東京大学となっている。司馬遼太郎の『坂の上の雲』に描かれている秋山真之や正岡子規なども帝国大学に進学のために上京してきた。

かつては、多くの文豪がこの辺りに住んでいた。坪内逍遥が『小説神髄』を発表したのは、現在の本郷4丁目にあたる炭団坂《たどんざか》の上にあった場所だ。森鷗外、夏目漱石、樋口一葉、石川啄木などなど、この地ゆかりの文豪は数多い。

――こうやって歴史を辿っていくと、今、私が目にしている自分のまちが歴史の層の上に成り立っていることを実感する。その象徴となるのが、まちの風景なのだ。

湯島聖堂のイラストを見て、江戸時代の学問所へと思いを馳せる。東京大学の赤門のイラストを見て、ここを目指す若者の思いを想像する。

湯島本郷百景は、単なるまちの風景を描いたイラストではない。このイラストを見た人の心を揺さぶる何かを秘めている。

湯島本郷マーチング委員会の活動は、「私がこの地に生まれた意味」を知ることにもなった。まちの歴史を知り、魅力を掘り起こし、人々に伝えることは、ここに生まれ育った自分のやるべきことだったのだと。

それは湯島本郷を愛してやまない私だから出来ることだと。

幼なじみ同士で創りあげた聖橋の1枚のイラストは、湯島本郷マーチング委員会という地域を巻き込む活動へと広がり、それはやがて全国へと思いを繋いでいく。

第2章

まちなみイラストによる活動＝マーチング委員会

全国の活動へ〜マーチング委員会設立

湯島本郷マーチング委員会の活動は、必ずしも順風満帆だったわけではない。「地元の風景をイラストにする？　そんなことをやって何になる？」と言う人もいた。よかれと思って話をしてみても、無関心な人もいた。

しかし、興味がない人はそれでいいと割り切った。わかってくれる人、共感できる人だけでいい。そもそも、音楽も絵画も映画も文学も万人に受けるなんてありえない。共感できる仲間だけでこの活動をやっていこうと考えていた。

活動を始めて3年くらい経った頃から、風向きが変わってきた。ＮＨＫの放送で紹介された後からその兆しはあったが、興味を持つ人が増えてきたのだ。

２０１１年11月にはコニカミノルタが全国の支社において「ことづくり」というテーマのセミナーを企画し、私を講師として招いてくれた。**ことづくりとは、お客様にとってストーリーや感動などの付加価値のある製品を提案して、新たなビジネスをつくっていくこと。地元の風景イラストはまさにそれにぴったりなコンテンツである、と私は熱弁した。**

このときのことは全国印刷工業組合の会合でも紹介され、「うちもやってみたい」という人が増えてきた。マーチング活動を本気でやりたいと思う人は、わざわざうちの会社に足を運び、私に具体的なやり方を教えてほしいと願った。ここから、マーチング委員会は印刷会社を中心に、その活動を全国に広げることになる。

実は、当初、マーチング委員会の活動は、地域活動団体の方などと一緒にやるイメージを描いていたのである。

しかし、自分も印刷会社をやっているからよくわかるのだが、印刷会社は「仕事をください」と言うだけで、自分たちの独自のコンテンツを持っていない。受注型のビジネスモデルでしかないから、提案型営業がむずかしい。もうひとつ、印刷会社は、地域に根ざしているという特徴もある。昔から地域の行政、企業、団体、商店、個人などの印刷物を何でも手がけてきた長い歴史を有するのが印刷業なのだ。

だったら、**このまちなみイラストという地域のコンテンツを持つことにより、仕事の提案ができるようになる。**そして、地域の人たちと仲よくなれる、行政とも仲よくなれる、その地域に根ざした地主企業（そこに本社があって長年地元に根ざしている企業）とも仲よくなれる、と印刷会社のあり方を変える際の強みとなるのではないか。**受注型から提案型へのビジネスモデルのチェンジは、時代の変化に対応できる体質の会社になれるチャンスだ。**

私はそう考えて、同業の方たちの中で「やりたい」という会社にノウハウを教えていくことにしたのである。

これは本腰を入れてしっかりとした活動団体にしなくてはならないぞ。

そう思い、２０１１年6月17日、一緒にやっていく17の団体で、任意団体としてマーチング委員会を発足した。

しかし、本業の利益を第1目標にするのは本末転倒だ。

マーチング委員会は、あくまでも地元の魅力を再発見&再認識し、地元の風景のイラストによってその魅力を発信することが目的である。

そこからイラストを展開したさまざまな提案をしたり商品を販売したりしていく**フック**になっていくのだと捉えてほしい。

その考え方を、私は**「先《せん》義《ぎ》後《こう》利《り》」**という言葉で伝えることにした。

これは、中国の思想家荀子の原典を、石門心学の石田梅岩が伝えたものとされる。**「まず、正しい道を先にして、利益を後にする」**という意味であり、つまり、「地域のためになることをしっかりしていれば、あとから利益はついてくる」ということ。これをまずマーチング委員会の考え方として取り入れた。

儲かりそうだからやるのではなく、まず地域のため地元に喜ばれることをやる、という考え方が重要なのである。

一般社団法人マーチング委員会

２０１２年２月、全国新聞支社長会勉強会において、マーチング委員会について紹介させていただく機会があり、たいへん好評を得た。こういう反応があるたびに、やはりこの活動は価値のあるものだという自信を深めていける。

そして、２０１２年２月20日、一般社団法人マーチング委員会を設立、登記した。この時点で、全国17ヵ所で地元にマーチング委員会を立ち上げて活動をスタートしている。

本部事務局は、弊社の社内に設置した。

モットーは、もちろん**「先義後利」**。

一般社団法人を立ち上げ、２年間の創業時期は私が理事長を務めて、全国を飛び回り参加地域（企業）を増やし、やり方や理念を説明していた。しかし、組織をしっかりつくるために、私はマーチングアカデミー塾長としてノウハウや全国メンバーの拡大に専念することにして、甲斐の国マーチング委員会の井上雅博に理事長に就いてもらうことになった。

これまでなかったまちおこしの方法であるから、前例がない、ノウハウがない。だから、新たに始めるマーチング委員会の方たちに私が教えたのは「ＴＴＰ」。Ｔ（徹底）Ｔ（的に）Ｐ（パクれ）である。

学ぶとは真似るから始まる。私が最初に湯島本郷マーチング委員会で始めて成功したやり方を、どんどん真似て（パクって）どんどんやってみろ、と背中を押した。

年３回の定時大会（全国大会）を行ない、会員同士の交流を図るとともに、勉強の機会も設けている。

地域フリーペーパー、絵旅日本『in Japan』

マーチング委員会は、会員からの会費で運営している。年会費は12万円だ。設立以来じわじわと参加する会員企業は増えていった。

また、スタートしてしばらくすると、我々印刷会社を顧客とする企業が協賛を申し出てくれるようになった。

「あ、これ、いいじゃないですか。うちにも何かお手伝いできることはありますか?」と、共感してくれたのである。まず、コニカミノルタ、大日本印刷、リコーなどの大手企業が協賛に手を上げてくれた。協賛金は、各社50万円~100万円だ。それ以外にもありがたいことに富士フイルムや三菱製紙株式会社などが協賛企業、特別協賛企業となってくれており、これらがマーチング委員会の活動資金となっている。

マーチング委員会本部の基本的な活動は、

①自分の地域で新たにマーチングを始めてマーチング委員会に入りたいというところがあれば行って指導する

②マーチング委員会の会員同士や、マーチング委員会との交流を促進するための例会、セミナー、研究会、交流会などを行なう

ことである。

会員数が増えてきたところで、**新たに、全国各地のマーチング委員会のイラストを広く観光客向けにPRしようと、フリーペーパーを発行することにした。**

絵旅日本『in Japan』である。

タブロイド版のサイズで、フルカラー、8ページ。毎号、テーマに沿った全国32ヵ所のまちなみイラストとその土地の特産物、伝統工芸、見どころスポットなどの情報を紹介する内容となっている。**ちょうど増加し始めたインバウンド（外国人訪日客）向けにも、美しい日本各地の風景のイラストと観光情報は魅力があるだろうと考え、**

日本語と英語の2ヵ国語表記にした。

印刷会社の集まりだから、フリーペーパーの制作はお手の物だが、実際に出来上がってみると、全国のさまざまなイラストの風景はまさしく日本の美しさそのもので、広げてみた瞬間に感動がいっぱいに広がった。

この『ｉｎ Ｊａｐａｎ』は、紙だけでなくスマートフォンでも見ることができ、ＳＮＳでも展開している。『ｉｎ Ｊａｐａｎ』を置いてくれる場所は、自治体の施設や観光インフォメーションセンターをはじめ、年々増えている。こうなると、情報を掲載する地元のお店や施設、設置してくれる場所とも交流が生まれてくる。

印刷会社が始めたマーチング委員会が、**異業種を巻き込んだ活動へと発展していく次のステージの始まりでもあった。**

『in Japan』
ホームページ
http://injapan.machi-ing.jp/

YORIP（ヨリップ）

とねちゃん&ウエケンの同級生コンビから始まったマーチング委員会は、スタートしてからも同級生のご縁がさらに輪を広げることになった。

中学から大学まで一緒だった同級生の浅羽が、「うちの会社も地方創生を考えているんだ。とねちゃんのやっているマーチング委員会とは、コンセプトが合うと思う。一緒にやらないか」と声をかけてくれた。

浅羽は、大日本印刷の情報イノベーション事業本部長という役職にいた。

このコラボレーションから生まれた企画が「ＹＯＲＩＰ」だ。

ＹＯＲＩＰは、よりみち＋ＴＲＩＰ（旅）から考えたネーミングだ。誰もが行く観

光スポットを回るだけでなく、ちょっと寄り道をすれば、思いがけない発見や出会いがある……そんな旅の情報発信をするアプリで、スマホやwebで無料ダウンロードができる。現在地から地図で寄り道スポットを見つけたり、おすすめの情報を受け取ったりできる。フリーペーパー『in Japan』でお気に入りの場所を選び、YORIPでその選んだ場所の地元情報を手に入れることもできる。

マーチング委員会のメンバーがそれぞれ地元の情報を提供しているので、地元の人からのディープな地元情報が得られるのがメリットだ。その情報のディープさは、観光ガイドブックの比ではない。旅先で寄り道して、自分だけの思い出づくりが十分に楽しめるツールとなっている。さらに、自分がたどったルートがアプリの中に残るので、旅の行動記録にもなる。

戻る
YORIP
湯島天満宮（湯島天神）
学問の神様・菅原道真を祀るこの神社は別名・湯島天神と呼ばれています。境内には銅製の鳥居（都指定文化財）や迷子探しの奇縁氷人石（区指定文化財）があり、また梅の名所としても有名。1995年12月、後世に残る総檜造りで改築されました。
現在地からのルート
文京区
台東区

『YORIP』ホームページ
http://www.dnp.co.jp/cio/yorip/

観光ニーズ＆インバウンド効果を掘り起こす

本書の始めに、**地方創生の成功の条件は「住んでいる人が自分のまちを好きであり、まちの魅力を自慢できること」**であると書いた。マーチングは足元の魅力を掘り起こし、地元の魅力を再発見することであるから、自分のまちをどんどん好きになる。誇りに思う。そうして、「こんなにいいところだよ、来て」と呼びかけたくなるものだ。

一方、イラストを見た人は「これはどこ?」と知りたい気持ちになる。たとえば、友人が自分の住んでいるまちなみのイラストはがきで便りをくれたら、そこに描かれている景色がどこなのか知りたくなり、行ってみたいと思うだろう。はがきをくれた友人にそう返信すると、「桜の時期がいちばんいいよ。ぜひおいでよ」と誘われて、初めての土地に足を運ぶことになるケースはおおいにある。

まちなみイラストは、名刺、年賀状、切手、一筆箋、イラストマップ、パンフレット、情報誌などさまざまなツールに活用されているので、いつでもどこでも誰かの目にふれる機会がある。ふと目にしたイラストに惹かれ、そこに描かれた場所を訪れるきっかけを生むこともあるだろう。

つまり、まちなみイラストで住んでいる人がまちの魅力を発信することにより、観光のニーズを掘り起こすことにもなるのだ。人が来れば、地域の活性化のエネルギーになることは言うまでもない。

住んでいるところの魅力を発信することは、インバウンド効果ももたらしている。

これは今の時代の特徴とも言える。日本全国どこにいっても外国からの観光客の姿が見られるほど、インバウンドの数が増えているからだ。日本政府観光局（JNTO）の発表によると、2018年の年間訪日外国人数（訪日外客数：推計値）は前年比8・7％増の3119万1900人で、統計が始まって以来の最高記録だという。

私たちが暮らしているところは、どこでも外国人観光客が訪れる場所になりうるのだ。

まちなみイラストのグッズを買っていくのは、そうしたインバウンドの方々も多い。特にイラストはがきは価格が手頃であること、荷物にならないこと、何よりも美しいことから、各地のマーチング委員会の売上の中で主位を占めている。

イラストに言葉の壁はないので、見て「きれい」「この風景が好き」と思ってもらえたら、魅力の発信は成功といえる。

私は、このまちなみイラストの魅力は古い歴史を持つヨーロッパなどにも通じるものがあると考えている。いつか、ヨーロッパの各地でもマーチング委員会が始まるかもしれないとまで想像しているのだ。

全国3000点のまちなみイラストの貸し出し

全国各地のまちなみイラストから、特に地域の人たちに愛されている場所のイラストを選定し、マーチング委員会で一括管理し、自治体などに無償で貸し出しするのも、主な活動のひとつだ。**そのイラスト数は約3000点（2019年4月現在）**。まさにイラストライブラリーである。

貸し出したイラストは、たとえば地域のブランドマークや地域のイベントのポスターなどに使われたりと、その用途は多岐に渡っている。**貴重な価値のあるイラストが地域の役に立つことは、マーチング委員会の発足趣旨そのものであるので、自治体などへは無償で貸し出し、多くの機会で利用をしていただけるように**と願っている。

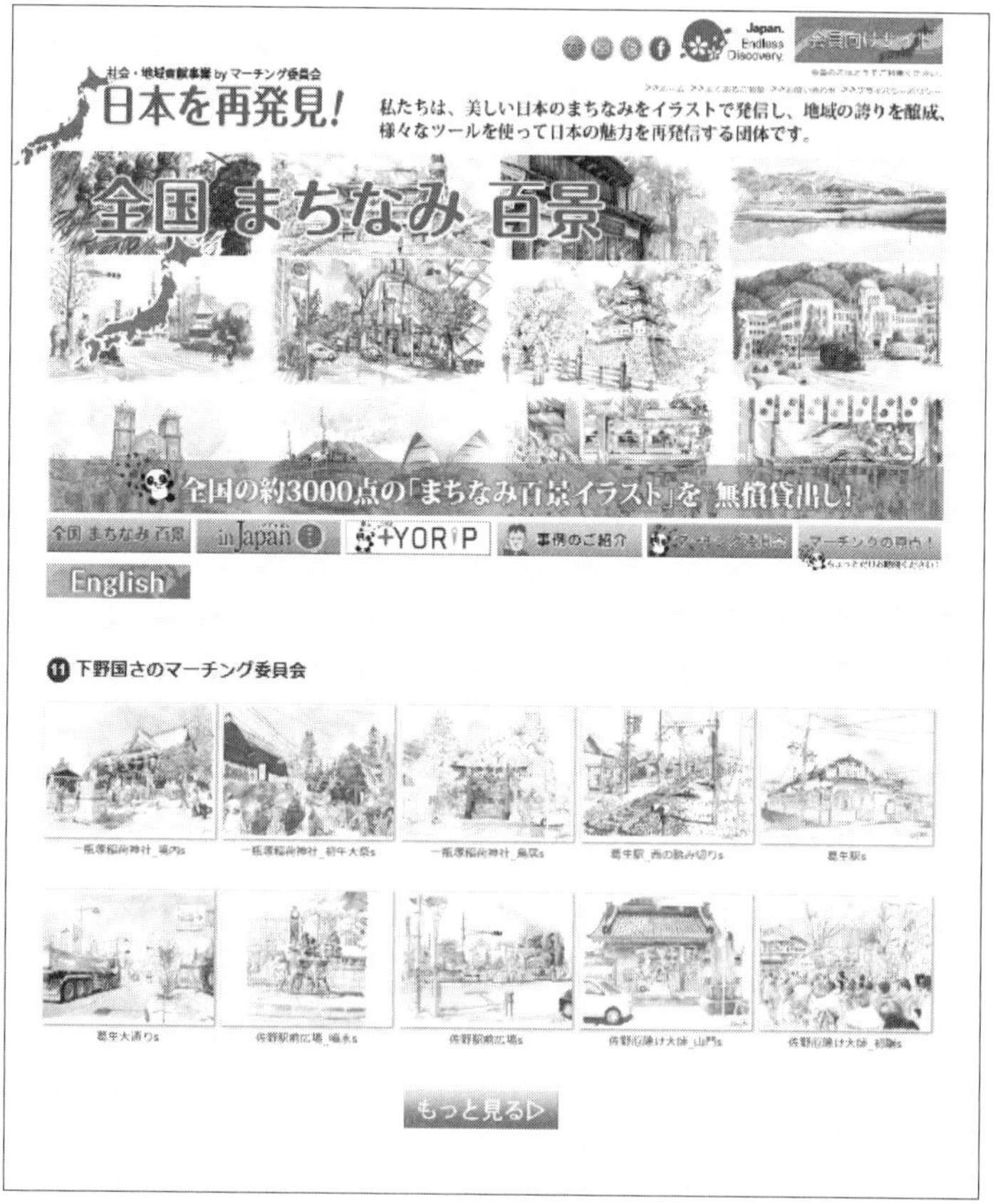

マーチング委員会のHPでも全国のイラストを確認することができる

マーチング委員会オフィシャルサイト
http://machi-ing.jp/

インタビュー「このひとに聞く」

マーチング委員会理事長 井上雅博氏

――マーチング委員会設立から10年にあたっての思いは?

印刷業界のいろいろな会を通じて知り合いだった利根川さんが始めたマーチング委員会の活動は、弊社も先代から地域のために何か役立ちたいと多彩な取り組みをしてきていたので、とても共感できるものでした。私は山梨県甲府市で甲斐の国マーチング委員会を発足させ、「甲斐国中百景」のイラストを展開しています。

マーチング委員会の設立から10年が経ち、1人が始めた活動に賛同する方が増え、自分の地域でもやってみたいと始める方が全国各地で増えていることはたいへん喜ばしいことだと思いますね。マーチングの活動では、全国各地の委員会間の交流がありさまざまなアイデアを持ち寄ってくるので、それに刺激されることもあるし、ヒントを得ることもできる。たいへん貴重な集まりだと感謝の気持ちを抱いています。

――今後の展開についてはどのように考えていますか？

弊社は110年以上続く印刷会社ですが、最近では印刷以外の仕事も増えてきています。たとえば農業も事業の一環で行なっているんです。地元では農家の少子高齢化によって放棄された耕作地が増えており、その一助に名乗りをあげたのがきっかけ。マーチング委員会の仲間に声をかけてもらって、国連大学のファーマーズマーケットに自社生産の米を出展したこともあります。

甲斐の国マーチング委員会の活動には、地元のテレビ局系の総合広告代理店の社長がたいへん共感してくれ、一緒に活動を展開していくことになりました。まちなみイラストが、テレビという媒体によって新たな魅力を発揮することが期待されます。

このように、これからは印刷業界にとどまらず、異業種とのコラボや新たな発展が増えていくのではないかと予見しています。まちなみイラストというオリジナルのコンテンツのポテンシャルの高さにわくわくしています。

第3章

なぜ、まちなみイラストが喜ばれるのか

ITの時代だからこそ、手描きイラストが心に響く

私たちは、これまで経験したことのないインターネット時代、デジタル時代にものすごい早さで突入し、そこで生きていることになる。従来なかったデジタルデータも普及し、もはやメールに添付ファイルで送信したり、ダウンロードしたりするのが当たり前の生活になった。

そんな時代に、水彩画タッチのまちなみイラストに共感を覚える人が増えているのはなぜだろう。

人間には心がある。思い出、郷愁、感動……そういったデジタルでは表現しきれない部分が、手描きのイラストのよさと一致するのではないかと思う。

誰もがスマホのカメラで解像度の高い写真が撮れるし、それをすぐにデータ送信できる。そうやって風景を保存するのが手軽になればなるほど、ひとの手でじっくりと時間をかけて描きあげるものの価値は重くなる。

ＡＩにもまちなみのイラストは描けるだろう。しかし、ひとの心を打つようなまちなみイラストはひとにしか描けない。

一気に加速したデジタル時代がいったん落ち着いてくると、人々にはアナログへの回帰が見られるようになってきた。若い世代にカセットテープやＣＤの紙ジャケットがウケているのも、その現れだ。デジタルのサウンドに比べて、アナログの音は厚みがあり響きが深いという。プラスチックのＣＤケースより、紙に印刷されたジャケットのほうが存在感があるという。

そのようなぬくもりのあるものを好むのは、ひととして自然なことだと思うのだ。だから、マーチングの手描きのイラストも世代を越えて多くのひとに受け入れられている。

インタビュー「このひとに聞く」

イラストレーター 上野啓太氏

――どんな思いでイラストを描き続けていますか？

幼なじみのとねちゃんから依頼されて初めて描いたお茶の水の聖橋の絵を今見ると、もうそこに描かれているビルのほとんどがなくなっています。この辺りの変化は驚くほど早く、特にここ10年くらいで加速している感がありますね。湯島、三組坂《みくみざか》上の風景に描いた私の生家も最近になって取り壊され、マンションが建つそうです。生まれ育った場所の風景が一変することは、胸の痛みを伴いますが、イラストにすることで人々の心にいつまでも残せることに少しでも安堵の気持ちを覚えているのが正直なところ。イラストにした風景は、思い出の中に生きていますから。

――まちなみイラストを描くときのコツを教えてください。

イラストを描くほどに見いだしてきたものがあるんです。そんな私なりのこだわりをお伝えします。

①そこの風景をそこに住むひとたちがふだんどのように見ているか、住むひとの感性になるべく近づけること

たとえば、スカイツリーのある風景を描くとすると、人間の目で見るスカイツリーは大きくても、描くために写真に撮ったスカイツリーは目で見たものよりもずっと小さいもの。写真の通りの大きさに描くと、いつも見ているスカイツリーにはなりません。したがって、人間の感性で見ているスカイツリーの大きさになるように写真より大きめに描くのがコツ。お城などもこれに当てはまります。写真に映った大きさではなく、人間の目で見た大きさに描くようにする……それがふだん見ている大きさなので、それでいいんです。

②ふだんそこの場所を歩いているひとたちの目線で描くこと

人間の目線は背の高いひとと低いひとの差があってもだいたい30センチくらいの間

に全部入ってきます。その位置で撮った写真を使って描かないと、その場所であるという認識ができなくなります。工夫したつもりで俯瞰した風景を描いても、それはいつも見ている場所ではなくなってしまうのです。

③その場所の普段着の姿が描かれていること

通常、車がたくさん走って混雑している通りであれば、そのように描きます。きれいな絵はがきのような、車を排除したつくられた風景にはしません。いつも人がたくさんいて混んでいる神社であれば、そういう人も描き入れます。ふだんのままに描かないとその場所の風景にはなりません。

④風景の端まできちんと描き入れること

たとえば、ある通りを描くなら通りの端にある看板や自動販売機までもきっちりと描き入れることが大事。なぜなら、地元のひとにとって、それがふだんの風景だから。あの看板をいつも見て学校へ通っている、あの自動販売機でいつもジュースを買っている、そのような日常を思い起こすような風景を描くんです。

――イラスト展ではどんな感想がありましたか？

全国各地のマーチング委員会のイラスト展で言われてハッとした言葉は、「こんな場所を描いてくれてありがとうございます」。こんな場所というのは、これまでクローズアップされたことなどないような、イラストに描かれるはずのないごく当たり前の生活の風景のこと。マーチングのイラスト展に来た方は、自分の知っている場所を探すんですよね。その場所のイラストを見つけたときのひときわ大きな喜びの様子を何度も目の当たりにしています。

あるイラスト展では、自分が生まれたところ、子どもの頃遊んだところ、卒業した学校、そのすべてが描かれているといってたいへん感激していた方がいました。自分の生まれ育ったところがこんなふうに描かれて感動した、ここが故郷でよかったと私に語ってくれ、こちらまでうれしくなりました。「普段着の風景を描く」とはそういう価値を生み出すのだと実感した経験です。

その一方で「あそこが入ってないよ」とリクエストを受けることもあります。それはたいてい地方の観光名所やランドマークであり、地元の人々にとって誇りとなっている場所。それらがあってこそ、自分の好きな郷土なのだから、描くことはとても大事なことです。ただし、観光絵はがきのような演出した美しさの風景にはしません。そこに住んでいるひとが子どもの頃から慣れ親しんだ、地元のひとの目線でいつもの風景として描くことを忘れないこと。それこそが、まちなみイラストの魅力だと確信しています。

――まちなみイラストを描くことにより、東日本大震災にも深く関わってきたそうですが。

いわきマーチング委員会のイラストを描くために、初めていわきを訪れたのは2010年11月のことです。海も山も川もある、魚も酒もおいしいし、なんて美しい日本の原風景だと感動し、ここをイラストにしていく喜びに満ちていたんです。よつくら港の道の駅でイラスト展をやったときも、目の前に海が広がりカモメが飛んでおり、こんなのどかなところでイラストを展示できて幸せだと感慨に耽っていたものでした。いわき駅前の商業施設でもイラスト展をやってこれも成功裡に終わったのですが、その後、あの東日本大震災が起こりました。

震災発生の1ヵ月後に私はバイクを駆っていわきに行きました。もう、いても立ってもいられなかったから。いわきマーチングの鈴木社長に案内してもらい、現地をできるだけすみずみまで見てまわりました。といっても、まだ焦げ臭い匂いが残り電車は止まったままで、道の両脇には瓦礫の山が積まれているような状態。港の銅像に何か乗っかっているので何だろうと近づいてみると、タンクローリーのタンクだった。何トンもあるような大きなものがこんなところにまで、と津波の威力に驚愕したものです。あの美しいまちとは信じ難いほどの変わり果てた姿になってしまった衝撃。それから何度も、何度も、いわきに向かいました。少しでもできることがあれば役立ちたい、その思いだけで行動していましたね。

――よつくら港の仮設テントのイラストは、被災地の珍しい風景です。どうして描くことになったのですか？

よつくら港の道の駅が仮設テントで営業再開したとき、その風景を描いてほしいと言われたのが直接のきっかけです。イラストを描いただけでなく、復興関係のイベントにもいろいろと出させてもらいました。

何かで関わっていたかったんです。その地域をずっと見つめて描いてきて、自分の

仮設テントで営業していた時のよつくら港の道の駅（右）と新しく建てられたよつくら港の道の駅（上）のイラスト

故郷のような思いが芽生えてきたのかもしれません。いわきに限らず、それはマーチング活動を行なっている各地に共通する思いです。

そして、新しく建てられたよつくら港の道の駅のイラストも描きました。

震災前、震災直後からずっと見てきて、復興の変化に立ち会ってきて、今思うのは、人々の心に残る風景がときには心の支えになるのだということ。それをイラストにして保存していく価値をつくづく実感しました。イラストに描く風景は震災にもやられない、しなやかで尊いものなのだと大きなやりがいと誇りを覚えています。

全国のマーチングがつながって生み出す相乗効果

マーチング委員会に入ってよかったという理由に、**「全国のマーチング委員会の人たちと知り合えて、情報交換ができ、刺激を受けられる」**ということがよく聞かれる。特に地方の企業の場合、地元の企業同士の連携がメインで、東京や他のエリアとの交流の機会はそう多くはないだろう。

マーチング委員会では年3回全国大会を行なっている。そのときは全国各地のマーチング委員会のメンバーが集合するので、まるでまちおこしサミットのような光景が見られる。マーチング活動の成功事例を学ぶ、自分の取り組みの課題を相談する、本業の悩みを相談する、など参加者にとって貴重な交流の機会となっている。

もちろん、各地のマーチング委員会同士でコラボレーションをすることもできる。**同じ気持ちで同じ活動をしている同士、連携することによって可能性を広げられることは多い。**

それぞれの活動は実に多彩だ。

次の章からは全国各地のマーチング委員会の活動を紹介していこう。それはまさにイラストが起こす奇跡といえるような成果である。

第4章

イラストが紡ぐ地域の絆

地域活性化のプラットフォームとして、地元の会社やクリエイターをつなぐ／あだちマーチング委員会

足立区をテリトリーとする「あだちマーチング委員会」を率いる瀬田さんとは、昔からの知り合いだ。私が湯島本郷マーチング委員会を始めて間もない頃、話を聞きたいと駆け付けてきた。

「私は250年以上続く旧家の9代目。うちのあたりは千住から西新井大師への参道であり、農村だったところです。父が25歳のときに苦労して始めた印刷会社を継いでから、ずっと地域に恩返ししたいという思いがあり、印刷会社として何ができるだろうと考えてきました。まちなみをイラストにして展示したりいろいろなツールに反映したりして地域の人たちに喜んでい

会社概要

弘和印刷株式会社
代表取締役社長／瀬田章弘
所在地／東京都足立区本木南町15-17
設立／1964年8月
あだちマーチング委員会
発足／2010年6月
百景名／あだちひとまち百景

ただける、これっていい活動ですね」と言ってくれ、すぐに「うちの地域でもやらせてください」と入会を決めた。2010年、湯島本郷に続く2番目のマーチング委員会の誕生である。

瀬田さんは自社だけでなく、地元の印刷会社仲間、地域出版社などにも声をかけ、合計8社で「あだちマーチング委員会」として活発な活動を展開している。

まず、イラストにしたのは西新井大師。関東三大師のひとつで、周辺も古い歴史がある地域だ。それから下町の風情があってにぎやかな千住の地域や新興住宅地などへ広げ、全部で100点近いイラストを揃えた。西新井大師の本堂の下がギャラリーになっており、そこを使ってイラスト展を開いたところ大好評。その後、足立区所有の昔の蔵を改造した千住宿歴史プチテラスなどでもイラスト展を行なっている。

この学校は自分の母校だったとか、西新井橋は昔は木の橋でこの橋をバスで渡って学校に行ったものだとか、**和やかな昔話があちらこちらで聞かれるのが、イラスト展の特徴だ。まちなみイラストのはがき、カレンダーなどを懐かしがって買っていく人も多い。**

イラストレーターのウエケンを招いて、小学校で子どもたち向けに水彩画教室を開き、まちの絵を描く指導をしてもらったこともある。絵を描くことで子どもたちには自分の住むまちへの愛着が生まれてきたようだ。

「まちを活性化するプラットフォームをつくりたいと思っていたんです。まちなみイラストを始めたことがきっかけとなって、その思いが実現できました」と瀬田さんは胸を張る。

足立区はカオスだ、と瀬田さんは言う。北千住駅は乗降客数が日本でも有数、下町的なところ、新興住宅地、5つの大学、大田区に継いで多い町工場、農家などが混ざり、昔から何代も住んでいる人、新しく引っ越してきた人、地方から来た学生などいろんな人が混在している。そのような住民たちと、クリエイター、プロデューサー、編集者などをつないで、さらに行政にも加わってもらって、みんなで足立区を盛り上げていきたいと思い、そのためのプラットフォームをつくろうと考えていた。そのきっかけづくりとして、**まちのイラストを描き起こして、それを見て、そこに住む人たちにまちのよさを再発見して好きになってもらうことを始めた。自分のまちが好き**

になれば、それがまちおこしのいろいろな形に発展していくからだ。

おもしろいのは、瀬田さんが考えていたプラットフォームが、付加価値のあるものになっていること。まちおこしのプラットフォームとしての役割だけでなく、紙よりもｗｅｂやデジタル媒体重視の時代になっているなか、イラストによって紙のよさを再認識することができ、紙の価値を高める役割も果たしているのだ。

その流れで「あだちマーチング委員会」が中心となってできたのが**「あだち紙ものラボ」**。地元の印刷会社や出版社、クリエイター、学生などが集まって、紙のことなら企画から製品づくりまで請け負う。最近は、**「紙ものフェス」**というイベントも年１回開催し、多くの人が集まってくる。瀬田さんたちのこうした活動を見ていた**足立区が支援してくれるようになり、イベントには区長や地元議員も足を運んでくださるという。**

「地域の人たちとたくさん知り合えて、共感してくださる方がたくさんいるのがうれしい。何よりやっていて楽しいんです」と瀬田さんは顔をほころばせる。**出会いが広がったことにより、いつのまにか、本業の印刷の仕事につながることも増えている。**

あだちマーチング委員会のメンバーは、毎月1回ミーティングを行ない、次にイラストにする場所、イベントの企画などを話し合う。立ち上げのとき、「これをやったからってすぐに自分の会社に利益が出ることじゃない。それでよかったら一緒にやっていこう、楽しくやろう。地域のためになるし、自分の会社にもきっとプラスになる」と呼びかけた瀬田さんの言葉を信頼した仲間たち。時間を積み重ねるごとにその絆は強さを増している。

福島発、あのときの思いを忘れない／いわきマーチング委員会

「地元の経済団体の人が話すことは決まっていて、〝うちの地域にはあれがない、それがない、これがない〟のないない尽くし。私はポジティブ志向で〝こんないいところもある。あんなところもあるよね〟と言いたい。だから、マーチングの活動を知って、すぐにやろうと思いました」と語る元気な鈴木さん。

２０１０年９月末にセミナーで私の話を聞き、その10日後にうちの会社に来てさらに詳しく話を聞き、翌月にはスタートしていた。３番目のマーチング委員会だ。

会社概要

株式会社いわき印刷企画センター
代表取締役社長／鈴木一成
所在地／福島県いわき市平荒田目
字田中内南１４９-１
設立／１９６５年１０月
いわきマーチング委員会
発足／２０１０年１１月
百景名／いわき ひとまち百景

行動力のある鈴木さんは、すぐに地域の景色をイラストにして、いわき合同庁舎で

行なわれた局長会でマーチング委員会の活動を行政に呼びかけるプレゼンをした。

その翌年、3月11日に東日本大震災が発生。いわき地域もかなり揺れて、大きな被害を被った。鈴木さんの会社は重い印刷機械の設置場所が変わるほどの揺れがあり、ライフラインがすべて止まったため、印刷の仕事ができず、しばらく休業。それでも何かしたいと思い立った鈴木さんは「がんばっぺ‼いわき！日本！」というロゴをつくり、フリーでダウンロードできるようにした。そのロゴで缶バッジ、ステッカー、のぼりなども作った。何とか被災した地元を励ましたかったからだと言う。

その後、あの**「いわきひとまち百景」のイラストが地元のシンボルとして大きな役割を果たした**ことを知る。

「福島原発の作業に技師として来ていた外国の方たちが、福島の記念にと、まちなみイラストのグッズを買っていってくれたと聞きました。イラストを見て、なんて美しいところだと言ってくれていたそうです。

それから、**鳥取県の中学生が被災地いわきの中学生に励ましの絵はがきを書いてく**れ、それを米子市からいわき市に派遣された**自衛隊員が届けてくれた**のですが、**その**

お返しにまちなみイラストのはがきに生徒たちがお礼の言葉を書き入れたものを、また自衛隊の方たちが米子市に持ち帰って渡してくれました。**740枚**もですよ。

また、長崎の高校生たちが修学旅行でいわきに来ることになり、市内の観光名所に行ったあと地元の高校に寄って交流することになったんです。その際に、**長崎の高校生たちに何かお土産をさしあげたいと、まちなみイラストのクリアファイル**のオーダーを地元の高校の先生からいただきました。このような絆の架け橋として、イラストのはがきが活用されて本当にうれしかったですね」と鈴木さんは当時を振り返る。

震災はまちの景色を変えてしまったが、震災前の風景は人々の心の中に残っており、鈴木さんたちが震災前にイラストにしておいた風景もずっと大切に愛でることができる。震災というつらい体験によって、人々はあらためて自分たちの暮らすまちへの思いを強くした。いわきひとまち百景のイラストはその心に寄り添っている。

いわき市の海沿いの四倉漁港内にある道の駅「よつくら港」もそのひとつ。震災前、「よつくら港」の駅長から「お客様に楽しんでもらえるイベントがあるといいね」という話が、無料でイラスト展をやりたいと思っていた鈴木さんの耳に入った。これはいい機会だと思い、イラスト展を提案、開催。たいへん好評を得た。その際に「よつくら港」のイラストも描かれた。その後の震災では津波により甚大な被害を受け、「よつくら港」はしばらく仮設テントでの営業となった。ウエケンはその場所へ足を運び、仮設テントで営業してがんばる「よつくら港」を描いた。そして、2012年8月にリニューアルした新しい「よつくら港」も描いた。**同じ場所の震災前、仮設テント、復興という「よつくら港」の軌跡は3枚のイラストにとどめられている。**

その後もいわきでのまちなみイラストのパワーは発展を続けており、地元の方々の名刺、年賀状、切手シート、クリアファイル、マグカップ、お菓子の包装、お弁当の箸袋までさまざまな商品を販売している。イラスト展は、いわき・ら・ら・ミュウ（小名浜）で毎年3月に1ヵ月間の常設展示を、また地元の銀行の各支店ロビーで1ヵ月ごとの巡回展示を行なっており、根強いファンもできている。

「社員から言われたんです。**今までは納品して会社に帰るまでに電話が鳴るとクレームかと思ってあせってしまったけど、今は〝こんな素敵な絵を届けてくれてありがとう〟というお礼の電話に変わったっ**て」と笑う鈴木さん。今後の活動が楽しみだ。

地元小学校で「まちなみイラスト」の授業が人気

いわき市立平第二小学校で、**「足元には宝物がいっぱい」という授業**が行なわれた。先生は、「いわきひとまちマーチング委員会」の鈴木さん、助手は営業社員の間宮さん。

授業では、まず、いわきひとまち百景の取り組みと展開している商材の紹介をし、次に**「では、君たちのまわりにある、イラストにしたいところはどこ？」というテーマで考えてもらった。**それは宿題として持ち帰り、翌日の授業で発表するというカリキュラムだ。

ふだんはなかなか考えてみる機会のない、自分たちの住んでいるところの魅力。宿題にしたことで、親との話題にもなったようだ。

観光になるような場所だけではなく、通っている学校、よく遊ぶ公園、家のそばの道、など身近なところにも目を向けていた。

この子たちに、よりよい故郷をつないでいきたいと強く思ったと鈴木さんは感想を語った。

イラスト：いわきマーチング委員会

地域の人のふれあいの場に／信州佐久マーチング委員会

群馬県との境に近く、北に浅間山、南に八ヶ岳を望む佐久市は、かつての中山道や佐久往還の宿場町であり、千曲川が流れているところ。この地の風景をイラストにして、佐久総合病院本院のふれあいギャラリー、八十二銀行や県信用組合のロビーで展示会を年2～3回行なっている。最近では、地元の芸術祭などのイベントなどからイラスト展の出展の声がかかるようになったという。

臼田さんは父が経営する印刷会社の跡継ぎ。生まれ育ったこの地を高校卒業後に離れて10年ほど過ごし、戻ってきた。**「いったん離れたことで、外から故郷の魅力を再**

会社概要

株式会社佐久印刷所
常務取締役／臼田大介
所在地／長野県佐久市原４８７
創業／１９０３年5月
信州佐久マーチング委員会
発足／２０１２年1月22日
百景名／佐久ひとまち百景

認識するきっかけになった」と言う。だから、イラストで故郷の魅力を再発見するマーチング活動への理解も早かった。

臼田さんがイラスト展を開催してみて意外だったのは、「ここはどこだね？」「同じ佐久でも知らないところがあるね」という言葉がけっこう聞かれたこと。そこへ「この絵はあそこだよ……」と説明する人がいて、そこから**ふれあいの輪が広がっていく。地元の人と人をつなげる役割を果たしていることをうれしく思ったそうだ。**

まちなみイラストのはがきを買っていく人は、観光客と地元の人が半々くらい。「このはがきで便りを出すと喜ばれるから」と定期的に買い求める人もいるようで、毎回違う風景のはがきを出すことで、佐久のいろいろな魅力を発信してくれている。

臼田さんが佐久の酒蔵にまちなみイラストのラベルを提案したところ、一升瓶に採用され、それが話題となって取材を受けたこともあるという。**商材として提案できるものを持っているとチャンスが広がる**と実感した一例だ。

明治時代に創業した会社であるが、歴史にあぐらをかくことなく、まちなみイラストを活用して新しい提案型のビジネスモデルを展開したいと臼田さんは語っている。

震災をきっかけに、故郷への思い新たに／仙台マーチング委員会

「マーチングを始めたのは震災がきっかけです。**みんなの笑顔を取り戻したい、きれいな絵を見て怒る人はいないだろうって思って。**毎日見ている場所を絵にすれば喜んでくれる。イラストマップを作ったら、仙台駅から青葉通りをまっすぐ行けば天守台があって伊達政宗公の騎馬像があるよって、仙台を訪れた人に役立つ。なんとか仙台を明るく盛り上げたかったんです」

熱く語る佐藤さんは、「仙台って本当にいいところ」というのが口癖で、大きな郷土愛を抱いている人だ。**業種がばらばらな地元の8人を誘って立ち上げた仙台マーチ**

会社概要

株式会社孔栄社
代表取締役／佐藤克行
所在地／宮城県仙台市青葉区立町16-13
設立／1955年4月
仙台マーチング委員会
発足／2011年6月30日
百景名／仙台城下町百景

ング委員会のイラストは「仙台城下町百景」と名付けられており、スローガンは「大好きです、仙台のまち」。イラストグッズは、市内のオフィスベンダー文具の杜、仙台空港、仙台国際センター、秋保《あきう》温泉などで展示・販売している。

イラストはがきとイラスト切手シートのセットはよく売れて、郵便局からも喜ばれたとか。はがきやカレンダーに仙台七夕まつりで使用した竹を原材料の一部にした竹紙を使ったり、「伊達政宗が隠した六芒星」というタイトルで星のまち仙台をアピールしたり、とアイデアマンでもある。さらに、**このイラストをきっかけにフリーペーパー「仙台朝市通信」を発行するようになり、日本タウン誌・フリーペーパー大賞の最優秀賞も受賞**した。**現在100点以上もある「仙台城下町百景」のイラストは、県内外の企業や団体などから使用希望が多いため、写真のレンタル会社にイラスト管理から使用料の徴収まで一括して任せている**という。

「いちいちうちの会社に問い合わせなくても、イラストのライブラリーを見て希望のイラストを申し込めばいい。そのほうが全国展開しやすくて、利用者が増えたんですよ」と言う佐藤さんは、その瞬間、経営者の目になった。

細長い地形での交流が散漫な地域をつなげる／東葛マーチング委員会

「昭和38年からこの我孫子に工場があり、従業員も近隣の人が多いのですが、なかなか地元の会社というイメージが浸透しなくて」と悩んでいたという丸田さん。ロータリークラブに入ってさらに我孫子に根ざした活動をするようになったとき、地域に役立つことをしたいという気持ちが募《つの》り、そのタイミングでマーチングを知り、すぐに入会を決めた。当初は我孫子だけで始めたが、イラストを描く場所を選んでいくうちに、この地域は我孫子だけでなく、柏、松戸、野田、鎌ヶ谷、流山まで含めた東葛という括りだと気づく。東京の葛飾区の東にあるから、東葛だ。松戸はそ

会社概要

太平洋印刷株式会社
代表取締役専務／丸田勝功
所在地／千葉県我孫子市中峠1538(工場)
設立／1948年5月
東葛マーチング委員会
発足／2013年4月26日
百景名／とうかつふれあい百景

の昔、東葛飾郡だったという。

なぜ、この東葛という地域の広さをあとから気がついたのか。その理由は、細長い地形にあった。**「まるで鰻の寝床のようで、近隣との交流が意外と少ない。だから、マーチングの活動でそれぞれの地域をつなぐ活動になればいいなという思いでやってきました」**と丸田さんは謙虚に語る。

最初は地元の銀行のロビーや高島屋などでイラスト展を開いた。地元には手賀沼という湖沼があり、山階《やましな》鳥類研究所などでも知られ、全国から人が集まるバードフェスティバルをやっている。そこでもイラストの展示とグッズの販売をした。すると、**そこでイラストを見て感動した方の紹介**で、我孫子駅前のイトーヨーカドーの催事場で毎年、年末年始にイラスト展を行なえることになった。また、地元の産業祭りにもイラストを出展した。

このような活動により人々にイラストを見てもらう機会が増え、その結果、会報誌の表紙、名刺、年賀状など、イラストをコンテンツとした仕事につながっている。

「イラストを見て、同じ地域でも知らないところがたくさんあるんだとわかった。今

度行ってみたい」という感想も多いという。

「お寺のご住職がイラストの切手をたいへん喜ばれて。檀家さんへの郵便物には全部これを使うんだとたくさん買ってくださいました。イラストを贈り物の包みに使うとか、会社の印刷物に使いたいとか、ニーズはいろいろありますね。**いいことをしているねと地域で喜ばれ、認められているのがうれしい**です」

丸田さんの思いが、地域の交流を温めている。

支店長室から届いたオーダー

地元の銀行の支店長が、手賀沼の「水の館」のイラストをたいそう気に入って購入してくれ、早速、支店長室に飾ってくれた。

あるとき、**そこに通されたお客様がそのイラストを見るなり、「いいわね！こういう絵が欲しかったの。どこで買えますか？」と言っているので紹介したい**と、支店長から東葛マーチング委員会に連絡が入った。

そのお客様は、地元で生まれ育った70代の女性。

「なんて美しい、心が温まる絵なんでしょう。この絵を見ていると落ち着くわ」と、支店長室にあったものと同じイラストを即、購入されたという。以来、すっかりマーチングのイラストのファンになってくださったようで、イラストやはがきなどをたびたび買ってくれている。

「部屋に飾ってあったイラストを見るなり、すぐに欲しいとおっしゃって、私もびっくりしましたよ。でも、とても喜ばれて、こちらもうれしいです」と支店長までが喜んでくれた。**１枚のイラストから始まった交流**は今も続いている。

イラスト：東葛マーチング委員会

株式会社まちづくり奈良と連携／奈良マーチング委員会

創業明治7年の明新社は、その社歴の古さと奈良という地域性により、神社仏閣の仕事も多いが、そのたびに写真などは版権を所有しているところから借りなくてはならなかった。「うちには独自のコンテンツがない」という気づきから、マーチングの活動をやろうと決めたという。**「オリジナルのこんないいイラストがありますよ」という強みを持ちたい**と考えたのだ。

「奈良ひとまち百景」のイラストにする場所を決めるにあたり、奈良は全国屈指の観光地であるが、地元の人には当たり前すぎて気がついていない魅力がいっぱいある

会社概要

株式会社明新社
営業部 課長／玉置 和幸
所在地／奈良県奈良市南京終町３丁目４６４番地
創業／１８７４年12月
奈良マーチング委員会
発足／２０１１年12月22日
百景名／奈良ひとまち百景

ということを今さらながらに実感し「なら再発見」をマーチング委員会のテーマに掲げた。奈良は、大阪や京都に通勤・通学する人が多いので、地元を見つめ直してほしいという思いもあった。

さらに、**より広く発信するため、株式会社まちづくり奈良との共同主催**を決めた。この会社は、奈良市、地元商店街、商工会議所、地元の銀行なども出資しており、奈良の活性化を目的としていることから、**地域ぐるみで巻き込んでいく作戦**だ。神社仏閣とのつながりも多いので、そこから「イラストにしませんか」「イラストのはがきを置いてくれませんか」と話をしてもらい、スムーズに進めることができている。

一例としては、東大寺のイラストを仕上げ、お寺の回廊にある土産店でそのイラストグッズも販売したところ、たいへん売れ行きがよかったという。

明新社でマーチング委員会の活動を担当しているのは営業の玉置さん。彼自身、実家の目の前が橿原神宮で、高校時代の体育の授業のランニングコースには天皇陵がいくつも点在したという、生粋の奈良人だ。日本史の教科書に載っている史跡などが日常生活の中にあり、それが奈良のまちなみイラストにも反映され、特徴となっている。

「奈良は鹿と大仏だけじゃない」と玉置さんは苦笑いだ。営業としては、会社のCSR（企業の社会的責任）活動としても誇らしいと考えているそうだ。

イラストにしているのは神社仏閣ばかりではない。明治時代に建てられた奈良少年刑務所、近鉄電車、小学校、商店街、ホテル、若草山など、奈良ならではのさまざまな風景が楽しめるラインナップだ。

地元の小学生が描いた街並の絵を「こどもひとまち百景」として、「奈良ひとまち百景」と合わせて、奈良県立図書情報館においてイラスト展を行なったときは、多くの人が訪れた。そこで来場者にアンケートをとったところ、「知らない場所があって楽しかった」「イラストのアングルがいい」など好評が多く寄せられた。

朱雀門と近鉄電車の風景のイラストを当時の近鉄の会長に気に入っていただき、近鉄奈良駅の地下の売店でグッズを売るように手配してくれたこともあった。

あるとき、イラストグッズを販売している店の店員さんから、こんな話がきた。よく来るお客さんから「描くペースが遅いで、と言っておけ」と言われたと。そのおじいさんは、来るたびに「新しい絵が増えてないなあ」とか「おい、次の絵はまだか」

とかせっつくそうだが、せっせとイラストグッズを集めているらしい。

このようにマーチングの活動は奈良のまちの人々に徐々に広まってきている。**奈良商工会議所の機関誌の表紙や地域振興券にも、奈良ひとまち百景のイラストが使われる**ようになった。株式会社まちづくり奈良の協力もあり、商店街の土産物店、奈良県立美術館など販売している店舗も増えている。

マーチング委員会を始めてから、ＪＲ奈良駅前など、描かれた風景が今はなくなっているところもあるのが現実だ。マーチング活動には**時代の流れと風景を保存するという役割もある**のかもしれない。

※株式会社まちづくり奈良は２０１９年3月末をもって新たなＮＰＯ法人にその事業を引き継ぐことになった。

お寺さん・神社さんの思いと人をつなげる

薬師寺のイラストを描かせてもらうことになり、担当者の玉置さんは「ちょっと凝ったアングルで描いて喜んでもらおう」とイラスト制作の企画書を工夫してみた。

そうして、出来上がったものを薬師寺に提出すると、満足されたものもあったが、1枚について「うーん、これはあかんなあ」と言われてしまった。

そこに描かれたアングルだと仏像の背中にあたる建物が中心になってしまうからＮＧだという。仏像も建物もそれぞれ大切な意味を持っており、それを損なってはいけない。拝観する方にもできるだけそれをわかってほしいというのだった。

奈良の神社仏閣にはたくさんの人が訪れるが、歴史や文化財のことは資料などで伝えられても、思いを伝えるのはむずかしい。「どんなふうにイラストに描いてほしいか」は先方さんの思いでもあるのだと気づかされた。

奈良ひとまち百景のイラストによって、お寺さん・神社さんの思いと、訪れる人の感動を結ぶ役割が果たせたら……そう思うと、イラストへの意気込みは一段と強まったと玉置さんは語った。

イラスト：奈良マーチング委員会

被災した熊本城の姿に気づかされた／くまもとマーチング委員会

「印刷業は受注産業だが、もうそういう時代ではない。自分たちの商品コンテンツを持っていなければと思っていたのでマーチングの活動はぴったり」と意気込んで、２０１３年にくまもとマーチング委員会を始めた松本さんだったが、日常の業務に追われたこともあり、その活動はおざなりになっていた。

それを変えたのが、２０１６年４月14日に起きた熊本地震だ。震度７の地震が２度も発生し、多くの建物が破壊された。熊本城もかなりのダメージを受け、石垣の多くは崩壊し、城のほとんどの建物は全壊したり倒壊寸前で踏みとどまったりしていた。

会社概要

ホープ印刷株式会社
代表取締役／松本 徹
所在地／熊本県熊本市北区龍田弓削1-4-12
設立／１９７７年9月
くまもとマーチング委員会
発足／２０１３年7月2日
百景名／熊本ひとまち百景

その光景は人々の心を痛めた。松本さんもショックを受け、悲しい気持ちに陥った。

しかし、**復興事業が始まってから「描こう！　描かなくては！」という思いが湧き上がってきた**という。イラストにした故郷の風景でいちばん好きなのはやはり熊本城だそうだ。市内の中心部に立っている雄大な姿は市民の心のよりどころでもある。城全部の復興には30〜40年かかると言われているが、**「その姿をずっと見守っていきたい」**というのが、マーチング活動に再度注力する動機となった。

それまで描いてあったイラストは、熊本城界隈、市内を走る路面電車沿いの特徴的な建物や景色、夏目漱石が最初に降り立った上熊本駅など。**新たに描き起こした路面電車と熊本城のイラストにはあえて復興工事のクレーンを入れるなど、復興の様子も記録していきたい**と松本さんは考えている。

こうしてくまもとマーチング委員会のリ・スタートを切ったところ、思いがけない注文が来た。市内の弁当屋さんから、学会に出す弁当の包み紙に熊本らしさを出したいので熊本城のイラストを使いたいというオーダーだった。イラスト使用だけでなく、包み紙の印刷まで受注し、納品した。「そうか、こんなふうにイラストを広めていけばよいのか。**相手に喜ばれるし、うちにとっても仕事になる**」とビジネスのヒントを得たという松本さん。復興事業とともに市内では再開発事業が進み、企業誘致が盛んになっており、大人数を収容できるコンベンションホールもできる。「熊本の人が誇りをもって地元をアピールできるひとつの素材として、まちなみイラストを活用してもらいたい」と活動のエンジンを全開にした。

被災地＝弱者ではない

ホープ印刷は、約40年前に、障害者２人と健常者１人の計３人で始めた会社だ。障害者雇用を全国に先駆けてやってきた。20年前に社会福祉法人を別に設立し障害者雇用はそちらで促進しているが、ホープ印刷には現在も２人の身障者の社員がいる。30人ほどの社員数からみれば、その比率は高いといえるだろう。

しかし、松本さんはそれを特別なこととは思っていない。健常者であろうが身障者であろうが、仕事にその人その人の能力と資質を発揮してもらえばいい。その人なりの役割があるからだ。身障者だからという見方は、その人に失礼にあたる。「身障者がいるからおたくに仕事を出します」ということはありえない。「いい仕事をするからおたくに任せますよ」というのが本当のビジネスの姿だ。

同様に、被災地だからと同情的な見方はうれしくないと言う。被災地にだって、紡がれて来た歴史、文化、産業があり、そこは人々の生活地であり、故郷である。それは全国どこの場所でも同じだ。特別な目で見るのではなく、自然に接してほしいのだ。まちなみイラストのふわっとした水彩のタッチは、その思いまでも包んでくれる。

明日は自分の故郷が被災地になるかもしれない。その可能性は誰もが持っている。

イラスト：くまもとマーチング委員会

第5章

イラストが育てる人

インターンシップの学生の視点を活用／横浜マーチング委員会

マーチングの活動にインターンシップの学生を採用し、多彩な展開をしているのが、大川さんだ。老舗の6代目に生まれ、2005年に社長に就任したとき、「ソーシャルプリンティングカンパニー」というビジョンを掲げ、「社会的使命に合致するかどうかを事業のやるやらないの判断にする」と宣言した。2008年から大学生のインターンシップの受け入れを始め、現在までの累計は約60人。社会問題の解決に関心の高い学生が集まってくるという。ちょうど横浜マーチング委員会として「横浜ひとまち百景」を始める時期とも重なり、「学生たちにとってもよい学習

会社概要

株式会社大川印刷
代表取締役／大川哲郎
所在地／神奈川県横浜市戸塚区上矢部町2053
創業／1881年
横浜マーチング委員会
発足／2011年6月17日
百景名／横浜ひとまち百景

機会になるのでは」と考えて、マーチングの活動に関わってもらうことにした。

まず、イラストにする場所を学生たちの視点で選んでもらった。移動手段には横浜市が推進するレンタサイクル（市内各所で自由に借りて乗ったり返したりできる電動自転車）を活用し、「ここがいい」と思う場所を撮影してもらう。

イラスト展の運営も学生が担当する。郵便局やレストランなど会場探しから、準備、当日の仕切りまでを行なう。**社会経験の少ない学生にとっては大変なことばかりだが、わからないことを聞く、調べる、周りの人の協力を得るなど一生懸命取り組むことは、自身の成長につながる。**そして、イラスト展で来場したお客様がイラストを見ながら思い出話を語ったり、まち自慢をしたりしている様子をみて、大きなやりがいを感じることができる。**誰かのためになる、という喜びは貴重な経験**だ。横浜中央郵便局でのイラスト展では、来場者にメッセージカードに書いてもらう試みをしたところ、「横浜がもっと好きになった」「やっぱり横浜が一番」などのコメントや、イラストにおすすめの風景の情報や応援の言葉などが寄せられ、担当した学生はとても感動していたという。

代表的な成果物のひとつが、「おくすり手帳」。薬剤師や大学教授などプロと連携して開発した。**「お年寄りがなかなか活用しない」という課題に対して、「地域に親しみのある絵を入れたら」**という仮説を立ててスタート。表紙に横浜ひとまち百景のイラストを入れるだけではなく、カバーをつけて内側に診察券、保険証。高齢者受給証などが入れられるように工夫した。もともと、大川印刷は、創業者が薬種貿易商だったことから、医療分野の印刷物に強みを発揮している。おくすり手帳は代々のインターンシップの学生に引き継がれ、今では4ヵ国語対応の「わたしのおくすり手帳」を普及させるプロジェクトに発展している。

「地域経済の活性化」という課題に対しては、バーと画廊が多く「バーとアートのまち」として知られる吉田橋商店街でのイラスト展を企画した。そこに足を運ぶのはアートが好きな人たちが多いので、イラスト展はぴったりだ。担当する学生がいくつかのお店に展示するイラストを一週間おきにシャッフルさせて、訪れる人を飽きさせない工夫をした。イラストはがきの販売も同時に行ない、これも人気を得た。商店街にとっても、話題性があり人が集まる企画なので歓迎されたという。

「横浜は郷土愛が強い人が多い。その相手とのコミュニケーションがきちんとできるように教えるし、一緒に活動していく意義も実感してもらっています。企画が増えるほど、うちの社員も一緒にやることが増えますが、やらされ感ではなく自発的な行動をしてくれているのがうれしいですね」と大川さんは目を細める。

大川印刷では「ＣＳＲの和」というニュースレターを不定期で発行しており、そのなかでマーチング委員会の活動の紹介もしている。

「業界の中では当社のＣＳＲやＳＤＧｓ（エスディージーズ／持続可能な開発目標）の取り組みが先進的だと評価をいただいていますが、それがどうビジネスにつながったかという前に、**社員が元気になる、人財育成につながっていることの意義が大きい**と思います。マーチングの取り組みも本当にやってよかった。これからもひとつでも多くの幸せを創出していきたいですね」

人財育成は１企業のためだけでなく、社会全体のためになる。マーチング委員会のモットーである「先義後利」の姿がここにもある。

呼び寄せ高齢者が元気になった

横浜独特の傾向として、比較的若い世代が結婚して移り住んで来ている世帯が多く、結婚して10～20年経って故郷の親が高齢化するとこちらに呼び寄せて、いつでも目が届くように配慮している。子どもは親によかれと思って呼び寄せているが、親にすれば故郷から離れた都会に来て友だちもつくれず引きこもりになり、早期認知症を発症して逆に不幸になってしまうケースもある。そのような「呼び寄せ高齢者」問題に取り組んでいたインターンシップの学生は、地域のコミュニティカフェが孤独な高齢者のよりどころになっていることを知った。そこには常連さんたちがいる。

そこで、常連さんたちの故郷を事前に調べ、それぞれの故郷のマーチング委員会に協力してもらってまちなみイラストを集め、そのカフェでイラスト展を行なった。そして、常連さんたちに自分の故郷の説明やそこでの思い出を語ってもらうイベントを開催した。過去の思い出を語ってもらうことによって元気を取り戻すのは一種の心理療法で回想法といい、自己肯定感や自己の受容を感じることによって生きがいにつながる。

京都府亀岡市から移住したある女性は、夫を亡くし一人暮らしだったので横浜に住む子ども夫婦と同居している。展示された亀岡の風景のイラストを見ながら、「亡くなった主人とよく行った思い出の場所です」と昔を懐かしむような表情で語った。

イラスト：かめおかマーチング委員会

地元の大学生とのコラボから生まれた定番アイテム／ながさきマーチング委員会

ながさき百景のイラストを見ると、浦上天主堂などの教会、平和祈念像、路面電車、長崎くんち、オランダ坂、グラバー邸、軍艦島など、生活圏に観光スポットが重なっているのがよくわかる。

ユニークなのは、食べものもイラストにしていることだ。カステラ、長崎ちゃんぽん、トルコライス、皿うどんなど、長崎特有のおいしそうな食べものの絵は、温かい気持ちにさせてくれる。

会社概要

株式会社インテックス
代表取締役社長／内田信吾
所在地／長崎県長崎市幸町6-3
設立／1964年
ながさきマーチング委員会
発足／2011年6月18日
百景名／ながさき百景

最初にイラスト展を行なったのは地元の十八銀行の支店のロビーだ。15ヵ所くらいの支店を巡回し、1ヵ所につき2週間くらいやって全部で半年かかったが、窓口の待ち時間などに見て楽しいと好評だった。その銀行内にあるシンクタンク「長崎経済」にも注目され、マーチング活動を紹介する記事に取りあげられた。

その後、繁華街の商店街やギャラリーなどでもイラスト展を行なうなどして、まちなみイラストの価値が認知されてきているのを実感していると内田さんは言う。もちろんイラストグッズもいろいろ展開している。

いちばん特徴的なのは、**地元の大学生とのコラボによる活動**だ。

長崎大学経済学部では、２０１１年からＰＢＬ学習を始めた。ＰＢＬとは、Ｐｒｏｂｌｅｍ Ｂａｓｅｄ Ｌｅａｒｎｉｎｇの略で、課題解決型学習という意味である。地元の企業や店舗に協力してもらい、ゼミの学生グループがその企業やお店の運営の課題を抽出し解決するまでを学ぶという。実際に経営者などからヒアリングをして、自分たちでワークショップを開き、その中で課題分析及び解決策を考えていくプログラムだ。その対象のひとつになったのが、ながさきマーチング委員会だった。

内田さんは彼らのヒアリングのときに、「イラストをもとにまちおこしをする」という活動の趣旨やこれまでやってきたことを説明し、**「イラスト展をやると年配の人**

は見てくれるが、若い人はあまり興味を持ってくれない」という悩みを話した。それはそのまま課題となり、**「もっと誰もがいつも目にする場所にイラストを展開したらどうか」**と学生が提案してきたのが、**工事現場の建築囲い**だ。そのまちのイラストを描いた建築囲いは、毎日そこを通る人々の目にとまり、幅広い世代に親近感をもたらすチャンスとなると。早速、知り合いの建築会社の社長にその話を持っていき実現したという。

また、関わる大学生が進級や卒業で代替わりしていくなか、「ハツメイシ」というものが受け継がれている。**初めての名刺だから「ハツメイシ」**だ。

学生たちが就活で企業訪問をしたり社会人の人と会ったりするときに、自分の名刺がないことに不便を感じ、名刺を作るという解決策を考えた。ただの名刺ではない。ハツメイシをつくるワークショップを行なってそこで自己分析をし、自分をPRできる文章とイラストを入れた名刺である。**イラストは、ながさき百景から自分が好きなものや自分に合っていると思うものを選ぶことにした。**これは、**「若い世代があまり興味を持ってくれない」というながさきマーチング委員会の課題解決にもつながる取**

り組みといえた。

名刺の表面には、キャッチコピー、氏名、所属学部とクラブ、メールアドレス、携帯番号。裏面には、ながさき百景のイラスト、自分をPRする文章。学生たちは自分オリジナルの名刺に満足し、就職活動へのモチベーションも高まるそうだ。多い年で100人くらい、平均して毎年60人ほどの学生が「ハツメイシ」を作成している。小さな名刺にあるながさき百景のイラストが、人の手に渡ることにより「これはどこ?」という話のきっかけになったり、「長崎ってやっぱりいいよね」と郷土愛を共感しあうことになったりしている。このメリットは大きい。

すっかり定番となった「ハツメイシ」はこれから長崎の大学生の必須アイテムとなっていくかもしれない。内田さんも「長崎には7つの大学があるので、**いろいろな大学に広がって〝ハツメイシ〟というブランドがつくれたらおもしろい**」と期待する。

ちなみに、内田さんの提案で、**長崎の市長、観光部長**などもながさき百景のイラスト名刺を愛用している。**名刺交換でイラストのことを必ず聞かれるので長崎の観光についての話のきっかけができる**と喜ばれているそうだ。

２分の１成人式で
百景イラストを描く

小学４年生は10歳、ちょうど20歳の半分の年齢なので、２分の１成人式というイベントをするところもある。

長崎市立諏訪小学校でも、２分の１成人式で何かしようという話が出て「地元の風景のイラストを描いているところがある。子どもたちにも自分のまちの絵を描いてもらって展示したら」という案が決まり、ながさきマーチング委員会が協力することになった。

子どもたちはそれぞれ自分が描きたいところを写真に撮ってくる。描き方はマーチング委員会のイラストレーターが教える。休日の午前中にその時間をとったが、時間が足りなかった子どもは家に持ち帰って仕上げた。すると一緒にやりたがるきょうだいもいたようなので、10歳でなくても参加できることにした。

こうしてできあがった子どもたちの絵は約70点、「ながさき子ども百景」として商店街でイラスト展を行ない、新聞でも紹介されるなど好評を博した。新聞記事によると、眼鏡橋を描いた子は「家から近いからここを選んだ。じっくり見たことがなかったけど、名前の由来を感じておもしろかった」という感想を述べている。

足元の魅力を見つけるよい機会となったことだろう。

イラスト：ながさきマーチング委員会

新入社員教育に活用／いよマーチング委員会

いよマーチング委員会を立ち上げた佐川さんは、**社内にマーチング委員会の活動を行なうチームをつくり、最初から社員たちを巻き込んだ。**

みんなで協力してまちの中を歩き回り、社内会議をしてイラストにする場所を選定した。観光名所でもある道後温泉、松山城などから、ふだんの生活に欠かせない商店街や学校まで、さまざまなまちのイラスト8点が揃ったところで、イラスト展をやる場所を探したが、「何でそんなことやっているの？」と理解されないこともあったという。しかし、地元のショッピングモール「フジグラン松山」の社長が「こ

会社概要

佐川印刷株式会社
代表取締役／佐川正純
所在地／愛媛県松山市問屋町6-21
創業／１９４７年１２月
いよマーチング委員会
発足／２０１４年12月13日
百景名／愛媛ひとまち百景

れはいい活動だね、ぜひうちでイラスト展をやりなさい」と支持してくれたのだ。

こうして、フジグラン松山でイラスト展を行なったが、なにしろ初めてのことで勝手がわからず佐川さん自身にも不安があった。ショッピングモールという常におおぜいの人がいる場所なので、展示しているイラストが盗まれたり傷つけられたりしないだろうか、何よりイラストについて説明を求められたらきちんとできるだろうか。何を聞かれるかを想定して、チームは社員のために問答集まで用意したほどだ。

いざ、イラスト展が始まってみると、それは杞憂だったと知る。**見に来る人はみんな愛媛が好きで愛媛の自慢をしたい、つまり、自分も地元の風景のイラストを見ながら誰かと話をしたいし感動を分かち合いたい**のだとわかった。そこに立ち会う係員の役割は、話したいお客さんの聞き手になること、マーチングの説明をすることだ。

だったら、と佐川さんは新入社員にその役割を与えた。

「イラストを通じて人とコミュニケーションをする喜び、その実感を味わってほしいと思ったんです。そこから、印刷物をつくるだけが私たちの仕事ではない、人を喜ばせる、人を楽しませる産業に携わっているんだと気づいてもらいたい、その**仕事の本**

質を学ぶのに、マーチングの活動はわかりやすいなと。だから、新入社員を展示会場に係員としてつけて、研修の場にしました」

実際にやってみて、新入社員たちの感想はどうだったのだろう。

「**お客さんたちの笑顔を見てマーチングの意義を理解した**とか、自分がこの活動をしている佐川印刷の**社員であることを誇り**に思うという意識が芽生えたのは大きな収穫ですね。仕事に取り組む姿勢の基本ができたと思います」

その一方で、佐川さん自身がここで学ばされたこともあったという。最初のイラスト展でのこと。フジグランの社長から「ここでこの絵を買いたい人はどうしたらいいの?」と聞かれた。「いや、これは展示をして見て喜んでいただければそれでいいんです」と答えたところ、「お客様が困られるので、必ず販売して下さい」と言われ、すぐに売り場でまちなみイラストのはがきを売ることになった。すると、イラストを見て感動したお客さんたちがはがきを買っていく。「お客様の立場になれば感動したらその場で買えるほうがよいのだと気づかされました」と佐川さんは振り返る。

熱心なファンは内部にもたくさん生まれた。そこで働いている人たちがフジグランのイラストやメモ帳などのグッズをたくさん購入してくれるのだ。愛媛県で最初にできたショッピングモールであり、**そこで働くことは誇りであり、人にそれを教えたい**から欲しいのだという。他県の店舗に異動になった人も「この絵は私が働いていた松山の店だというとみんなに喜ばれるんだ」と電話ではがきとメモ帳を注文してくる。このような反響を見て、佐川印刷の社員たちもまた自分の仕事に対して誇りとやりがいを高める。

マーチング活動を社員教育に活かしている佐川さんの次の目標は、全国のマーチングのネットワークを活用すること。

「この地で生まれ育って地元の学校を出て地元の企業に勤めるケースが多いので、世間知らずというか、引き出しが少ない。**全国にいろんなつながりができるなかで刺激を受け、情報収集や勉強になることは多い。**ぜひ社員に積極的に関わらせたいと考えています」

マーチング活動を始めてから四年、伊予銀行の各支店ロビーでの巡回イラスト展など活動の幅が広がるとともに、本業の売上にも成果が上ってきているという。

お小遣いを握りしめた小学生が買ったもの

いよマーチング委員会では、新しいグッズとして、イラストをアクリルに印刷して飾れるスタンドを開発した。アクリル特有のツヤのある発色が美しく、インテリアにもなる。

早速、産業イベントのイラスト展でもグッズ販売コーナーにそれを陳列した。

すると、両親と一緒に来場した小学校低学年の男の子が立ち止まり、じっと見ている。彼の視線の先にあるのは、伊予鉄道と路面電車が交差するダイヤモンドクロスのイラストのアクリルスタンド。「これが欲しい！」とすぐに口にした。おかあさんが「ああ、○○ちゃんは電車が好きだもんね」と頷いて「同じ絵のはがきがあるから、はがきにしたら？買ってあげる」と言う。

はがきは100円、アクリルスタンドは1500円だ。男の子は首を横に振る。「はがきより、こっちのほうが絵がきれいに見えるから。僕、どうしてもこれがいい」と譲らない。今度はおとうさんに「欲しい」と訴えている。そして、おとうさんと何やら相談して「自分のお小遣いで買う」と財布から折り畳んだ千円札を取り出した。ずっと大切に貯めておいたお小遣いでダイヤモンドクロスのアクリルスタンドを手に入れた小学生は満面の笑みで帰っていったのである。

イラスト：いよマーチング委員会

第6章

イラストが生んだ新ビジネス

酒販事業をはじめ多彩な事業を展開／湯島本郷マーチング委員会

マーチング委員会の言い出しっぺの私の会社では、他のマーチング委員会に先駆けて新たな活動の展開に取り組んでいる。

会社の創業70年記念事業という位置づけで**酒販免許を取得し、酒販事業を始めた。**お酒のボトルに貼るラベルを印刷物として販売するだけなら酒販免許はいらないが、私自身、記念品でもらったワインがラベルはおしゃれでも味はイマイチという経験を何度もしているので、**ラベルを貼るお酒の中身までお客様に喜ばれるものを提供したい**ということにこだわったからだ。

会社概要

株式会社TONEGAWA
代表取締役社長／利根川英二
所在地／東京都文京区湯島2-4-4
設立／1947年5月
湯島本郷マーチング委員会
発足／2008年5月20日
百景名／湯島本郷百景、ふるさと文京百景

そうなると、自社で酒を販売するので、酒販免許が必要になる。

酒販免許の取得の方法は、税務署に問い合わせて教えてもらった。会社では専任の担当者をつけて、この事業を推進している。

現在、扱っているのは主にワインと日本酒で、**日本各地のおいしいお酒を厳選してラインナップし、そこにまちなみイラストを使ったオリジナルラベルを貼った商品を提案**できる。今は周年事業の記念品や催しの引き出物などにニーズが多い。

地元の企業には、地元の風景のイラストが入ったマーチングの製品がたいへん喜ばれることを私は何度も目の当たりにしている。

湯島本郷にある地元企業の周年パーティーでは、赤と白のワインにそれぞれ湯島本郷まちなみ百景のイラストを入れたラベルをつけて２本セットで箱に入れて記念品にした。パーティーの参加者には地元の方も多くおり、翌日からその会社には「あのラベルの絵はいいね、湯島の会社の誇りだ」「飲んでも瓶は大事にとっておくよ」「早速飲んだらすごくおいしいお酒だった、どこで買えるの？」などの声がたくさん寄せられたという。**地元とともに歩む企業として、しっかりお客様の心をとらえることがで**

きるツールとなった。

湯島本郷エリアはマンションやビルの建て替えなどが多い。そこには、**まちなみイラストの建築囲い**が採用されている。大きなパネルに地元の風景が描かれた美しい建築囲いは、従来の味気ないものよりずっと街並みに調和する。

建築現場を通りかかる人たちが足を止めてそのイラストに見入っている。

「あら、ここはあの桜の坂道ね」

「あ、うちの孫も通っている小学校だ」

そんな会話もよく聞かれ、地元の人々のふれあいのきっかけにもなっているようだ。

長い期間工事が続くと近隣の人たちや通行人に迷惑もかかるが、**まちなみイラストの建築囲いは少しでも気持ちを和らげる役割を果たしているのではないか**と思う。

湯島本郷百景の発展形もいくつか展開している。

そのひとつが、**「食の文京ブランド100選」**。これは、文京区の和食、洋食、各国料理、麺類、和・洋菓子のお店をピックアップし、各店舗をウエケンのイラストとともに紹介したものだ。**お店の場所がわかるマップ「おいしゅうございまっぷ」**もついている。3年に1度情報の更新もしており、文京区に住んでいる人、勤務している人、訪れる人に広く活用していただいている。

こうした**地元とのコミュニケーションを日頃から温める情報ツールとして「湯島本郷マーチング通信」**の発行を続けているのも、私のこだわりだ。隔月発行で現在60号を越えて継続している。地元でがんばっている人や活動をクローズアップしたインタビュー記事や地元のお店訪問などで構成し、文京区内の郵便局をはじめ各所で手に取れるフリーペーパーだ。**YORIPと連動**し、ここに掲載されている場所に誘導する仕組みも確立している。

まだまだいろいろなアイテムがある。そして、どんどん新しい展開ができていく。マーチングはやはり「まち＋ing」、現在進行形なのだ。

春日局つながりのご縁

隔月発行している「湯島本郷マーチング通信」で、文京区を通る「春日通り」をテーマに記事を作成することにした。湯島には春日局《かすがのつぼね》の願いで建てられ、その菩提寺となった麟祥院《りんしょういん》がある。その前を通っているから、春日通りの名前がついたと伝えられている。

このときは、ちょうど春日通りに新しい店舗ができたのでそこの紹介をすることに決め、もうひとつは麟祥院のご住職にインタビューをする企画がまとまった。

新しくできた店舗は「丹波風土」といい、京都府丹波市の栗や黒豆の食品を扱うお店で、東京出店は初めての試みだという。インタビューの際、麟祥院のご住職にその話をすると、「丹波のお店に私は行きました」とおっしゃるではないか。なんと春日局の生誕地は丹波の興禅寺で、ご住職は半年ほど前に初めてそこを訪れ、その帰りに偶然その店に立ち寄ったという。局の幼名は「おふく」といった。そこからとって丹波風土では、「おふく豆」という黒豆の商品を製造販売している。麟祥院のご住職はたまたまそれを購入して帰られ、たいへんおいしかったのでまた買いたいと思っていたそうだ。地元の春日通りにそのお店ができたことを知り喜ばれていた。「湯島本郷マーチング通信」の誌面で再会を果たしたわけである。

春日局がつないだ湯島（菩提寺）と丹波（生誕地）、湯島本郷マーチング通信で再会した丹波風土と麟祥院、なんとも不思議なご縁を感じる出来事だ。

イラスト：湯島本郷マーチング委員会

ものづくり印刷会社として新たな商材を開発／やまがたマーチング委員会

　大風さんは、もともと地域に根ざした活動として「ガッタ」というフリーペーパーを発行している。ガッタとは、山形の方言で「わがった（＝わかった）」、地元の人も山形のことをもっと知りましょうという趣旨で立ち上げた企画だ。これはフリーペーパー大賞を受賞するなどレベルの高いもので、2004年から毎月4万5000部発行をずっと続けている。

　よいものはどんどんやってみる主義の大風さん。だから、マーチング委員会に入ると、積極的に活動を始めた。

会社概要

株式会社大風印刷
代表取締役社長／大風　亨
所在地／山形県山形市蔵王松ヶ丘1-2-6
創業／1947年2月
やまがたマーチング委員会
発足／2013年1月30日
百景名／浪漫山形百景

最初に山形市立第一小学校のイラストが完成した。山形では象徴的なところだからだ。それが好評で、校長先生やPTA会長がすぐにそのイラスト入りの名刺を作ってくれた。まちなみイラストが十数点になったとき、自社の内覧会としてイラスト展を行なうと好評で、地元の銀行のロビーでイラスト展が開催されることになった。

転機となったのが、山形新聞社の140周年記念事業。山形新聞の購読者向けに140周年記念の企画を考えてほしいという話がきた。新聞購読者は年々減少しているので、なんとか購読者を増やす取り組みをしたいというのだ。そこで、購読者にまちなみイラストのはがきをプレゼントする企画を提案。山形県内35市町村すべてのイラストを描いてはがきにして2、3枚のセットにし、集金のときや新聞回収袋を届けるときにそのはがきセットを日頃の購読のお礼としてプレゼントすることになった。そのサービスを新聞で告知したところ、1日に百何十件の問合せの電話がきたという。このサービスは1年4ヵ月続き、惜しまれながらも終了した。

これがきっかけとなって、お祝いに新社屋と旧社屋のイラストを新聞社に寄贈したところ、特に歴代の役員の方々など年配者は旧社屋に思い入れがあり、ワインのラベルにイラストを使いたいという相談があった。旧社屋のラベルを赤ワインに、新社屋のラベルを白ワインに使った紅白ワインセットが記念品として採用された。

１４０周年事業のワインを納めたとき、酒の卸業者さんから「これからもこういうことをやって行くのであれば、お酒も売れるように免許をとったほうがいい。そうすればお酒からも利益が出るし、いろいろなお酒を取り扱えるようになる。うちで教えますよ」とアドバイスされた。「よし！やってみよう」とその話に乗って、酒販免許を取得したという。

また、大風さんが山形商工会議所１２０周年の祝賀会で配る記念品として提案したのは、山形市内にある３つの酒蔵のお酒をセットにしたものだ。パッケージにはやはりまちなみイラストを入れて郷土色を強く出していった。出席者は地元の方々がほとんどなので、たいへん喜ばれた。

こうした実績が呼び水となって、次々と相談が持ち込まれるようになる。

地元の90歳の芸妓さんの斎藤茂吉文化賞受賞記念品の日本酒セット。ゴルフの参加賞や、結婚式引き出物などなど。

「**どんなリクエストがきても対応できる**。イラストというコンテンツを持ったおかげで、それを素材としてうちはものづくりをしているなと気がついた。**受注を待つだけの印刷会社から、ものづくりの会社に発展**した感じです」と大風さんは語る。

ものづくりパワーはお酒にとどまらない。新たな商品開発は続いている。

山形県内陸部だけにある郷土料理「ひっぱりうどん」。オリジナルパッケージに、乾麺、鯖缶、しょうゆと鍋敷きにもなる段ボールの緩衝剤が入っており、その中身はいずれも地元の業者さんから仕入れている。

また、地元の製麺会社さん六社の製品をまとめてオリジナルパッケージに入れた「蕎麦三昧」も人気だ。

オリジナルパッケージにはもちろんまちなみイラストを使用し、地元の業者さんの製品をまとめて扱うことで地域の売上のサポートにもつながっている。

「**従来の印刷会社はパッケージだけ印刷して納めていましたが、うちは、中身をコーディネイトしたうえで梱包も行なって販売**している。いかにいいものをつくるか、というものづくりの視点を大事にしています」

この流れは、社員にもよい影響を与えている。マーチング委員会の活動を社長とともに行なっているのは営業２課だが、**地域貢献という誇りを持つとともに、お客様への提案力がぐっと増し新規の受注が増えるという相乗効果**が現れてきているという。

「『こういうことができますか？』と聞かれて『無理です』と断ったらそこまで。チャンスって目の前にキラキラと現れるものではなく、とりあえずできることを一生懸命やってみていい結果が出た後に振り返ってみると、あの時がチャンスだったということなんです。それはイラストというコンテンツがキーになっている。マーチング委員会をやってきたおかげです。**小さい変化からやらないと大きい変化はできない。**会社として小さいことから変えられる柔軟な体質にしておくことも大事だと思います」

大風さんの笑顔は明るい。

まちなみイラストからの売上は5倍に／さぬきマーチング委員会

印刷業会の団体である全日本印刷工業組合連合会では、単一業界として初めてCSR認定制度を実施している。外部の有識者で構成される認定委員会による認定だ。この認定を取得し、香川県の「エコアクション21」に印刷業界の四国の企業で初めて認定された宮嵜さんの会社は、**CSR活動の一環**という位置づけで「さぬきマーチング委員会」を始め、「さぬきひとまち百景」としてイラスト活動を展開している。

東京の大学を卒業後、コニカミノルタに就職し、その後香川に戻って父の興した製

会社概要

株式会社ミヤプロ
代表取締役／宮嵜佳昭
所在地／香川県高松市朝日新町16-19
設立／1976年12月
さぬきマーチング委員会
発足／2012年3月6日
百景名／さぬきひとまち百景

版会社を継いだ宮嵜さん。フィルムからデジタルへ、一気に変革の波が押し寄せるなか会社の先行きを懸念し、いろいろなことを手がけてきた。

「名刺１枚から、すべての業種に関われるのが印刷業。それを活かしてなおかつＩＴ関連にもつながりたいとずっと考えていました。**コンテンツの制作をしてメディアに提供できることをうちの強みとしていきたい**」と語る。

さぬきひとまち百景としてまず手がけたのは地元の郵便局への提案だった。「あなたの地域のイラストを描くので無償で展示させていただけませんか」とアプローチ。郵便局でのイラスト展とともにイラストはがきもサンプルとして無償で配布したところ、かなりの反響があった。そこでまちなみイラストの切手シートも作成すると、郵便局間で販売を奪い合うほどの人気に。今度は郵便局のほうから「このイラストで年賀状を作りたい」と仕事のオーダーが入った。そこから郵便局相手の仕事が増えていく。郵便局員の名刺、ポケットティッシュ、年間50万枚にもなるという不在通知書……。地域版年賀状にもまちなみイラストが印刷されたこともあるという。

香川県土木部の河川砂防課も、まちなみイラストがきっかけで取引先となった。最近では、ダムの絵のクリアファイルやダムの図面を入れた手ぬぐいなどの商品を出すまでに発展している。

地元の電鉄会社、高松琴平電気鉄道＝通称〝ことでん〟では、毎年11月3日に「ことでん電車まつり」を開催しており、全国から電車ファンが集まってくる。そのときには、仏生山《ぶっしょうざん》駅のホームに展示してある大正時代のレトロな車両を会場にしてイラスト展を行なっている。「古い電車と、この情緒ある絵が調和していますね」などの感想が寄せられ、イラストやグッズの売れ行きもよい。こうしたご縁から、記念切符の印刷や、コトデン瓦町ビル（瓦町ＦＬＡＧ）のイベントの仕事などもいただけるようになったという。

ＪＲ高松駅では、トイレにまちなみイラストが飾られている。男性トイレでは小便器の前に貼ってあり「おかえりなさい」とメッセージがついている。女性トイレは個室の中に飾ってある。「この絵を見ると、地元に帰ってきたなという気持ちになる」とたいへん評判がよいそうだ。

宮嵜さんはこうした売上発展の経緯を振り返り、「何か印刷の仕事をください、という営業はむずかしいが、**オリジナルのまちなみイラストがあるのでそれをコンテンツとして提案できるのはひとつの武器になっている**と思う。お客様からは『こういうことができますか？』ではなく『こういうこともできますよね』と言われるように変わってきています。**オリジナルの提案ができる会社という見方で信頼関係ができていっている**のはうれしいですね」と顔をほころばせる。

まさに〝先義後利〟を実感しているそうだ。

第7章

イラストが まちを広げる

郷土ボランティアとともに／大田マーチング委員会

「うちの会社は厳密には品川区だけど、最寄り駅は大田区にあるＪＲ大森駅と品川区と大田区のほぼ境目にある京浜急行線大森海岸駅なので、大田マーチング委員会と名乗って、大田区のエリアを描いています」という金井さんは、入社して16年になる。取引先の太平洋印刷が東葛マーチング委員会をやっているのを知り、興味を持ったのがきっかけでマーチングを始めた。

まず大森駅周辺でイラストにする場所をピックアップし、はがきなどのイラストグッズも作った。会社で使用しているプリンターのメーカーであるリコーの提案でク

会社概要

有限会社プリント・フォー
代表取締役社長／金井隆憲
所在地／東京都品川区南大井3-20-14大森ヒラノビル2F
設立／1995年12月
大田マーチング委員会
発足／2016年4月18日
百景名／大田まちめぐり百景

リアファイルも作った。同様に文庫本サイズのブックカバーもイラストの種類と同じ数だけ作った。これは柔らかな風合いで革のような感触のコルドバという紙を使ったものだ。

イラストもグッズもある程度揃ったところで、金井さんは「さて、どこでどうしよう？」と商品の扱い方に悩んでいた。

そんなとき、土曜出勤の際に、同じビルに入っているNPO法人「それいゆ」がビルの一階でフリーマーケットを行なっているのに遭遇する。「それいゆ」は若者の独立支援や就業支援などを目的とした団体で、その一環としてフリーマーケットを始めたばかり。これから「月1マルシェ」という名で毎月第4土曜日に定例で行なうと聞き、ここでまちなみイラストやイラストグッズを並べて販売するようになったという。

そこで出会った方から、立会川駅近くの勝島でイベントがあるから出さないかと声をかけてもらい、まだイラストの数が少なかったが出展したところ、イベントを協賛している大田観光協会が、まちなみイラストに目を留めてくれた。「これ、おもしろいですね」と好意的なまなざしを注ぎ「今度、産業プラザで〝おおた商い（AKIN

ＡＩ）観光展〟があるので見に来ませんか」と言ってくれたことをきっかけに、その翌年からはそのおおた商い（ＡＫＩＮＡＩ）観光展に出展させてもらっているそうだ。販売というよりは活動発表の場だが、**同じ方向を向いている業者さんたちと知り合えて、交流が広がった**という。

大田区には池上本門寺という有名なお寺がある。その昔、日蓮上人が入滅（臨終）された霊跡であり、参拝客も多い。大田観光協会のご縁から、この本門寺の朝市でもまちなみイラストとイラストグッズの販売を行なうようになった。毎月第３日曜日の午前中だ。朝市にはわりと年配の方が集まるので、昔話やまちの情報を話してくれて聞いている金井さんたちも知識が深まっていく。門前の商店街の人から「うちも描いてほしい」とか「こういう古民家があって保存活動をしているから描いたらどうか」などのリクエストも多いそうだ。

「どんと来い！幕末・明治プロジェクト」というイベントにも出展した。西郷隆盛は開城の時期に池上本門寺を宿所にしており、史実ははっきりしないが勝海舟との無血開城の会談はそこで行なわれたのではないかという説があるそうだ。そこで、西郷どんのブームにあやかり、東急沿線のイベントとして企画されたものだ。

「気がつくと、**まちなみイラストを描いたおかげで、地域のさまざまなところとつながりができていたん**です。商売としてはまだ数字はそれほど上がっていませんが、裾野が広がっていて、すっかり地域に知り合いが増えました。大田区はかつて尾崎士郎や宇野千代をはじめ多くの作家たちが住んでいた馬込文士村があり、そこを巡るイベントに参加する話とか、商店街の企画をやっている広告代理店や地ビールの業者さんとか……いろいろな方からいろいろな企画のご提案をいただいています。**まちなみイラストをやっていなかったら出会えなかったご縁**ですね」

そう語る金井さんが「タイムリーだった！」と興奮気味に話してくれたのは「池上駅」のこと。駅ビルに建て替える寸前の古い駅舎をイラストに描くことが間に合い、地域の方々や鉄道ファンからとても喜ばれたという。

地域の景色をこつこつとイラストにして、**地域の輪を広げている**金井さんの活動は、マーチングの基本のキを実践しているといえるだろう。

業界を越えて、まちの活性化に取り組む／にいがたマーチング委員会

戦時中に紙の支給が統制になり国の指導で2つの印刷会社が合併した。国の指導により合併した新潟県内第1号だったから、社名は第一印刷所であり、そこには新潟でナンバーワンになろうという意味も含まれている。

会社の志も大きいが、にいがたマーチング委員会としてのエリアも大きい。新潟全県を対象にしてスタートしているのだ。

「先義後利という考え方がよかった。地域活性化を目指している我々にとっては、最初から利益を求めてやっても誰もついてこないのがわかっているから。まず仲間を増

会社概要

株式会社第一印刷所
常務取締役企画開発本部長兼営業本部長／阿部正喜
所在地／新潟県新潟市中央区和合町2-4-18第一和合ビル
創設／1943年12月
にいがたマーチング委員会
発足／2011年12月8日
百景名／にいがた百景

やしていくことが大事。そういう意味で委員会という言葉がいいなと」

そう語ってくれたのは新潟マーチング委員会を率いる阿部さん。彼は「忙しいんですよ」が口癖のような人。

それもそのはず、彼は自社の常務取締役企画開発本部長と営業本部長を兼務するかたわら、新潟商工会議所まちづくり委員会委員長、新潟市のＭＩＣＥ（マイス：多くの集客が見込めるビジネスイベント）担当をはじめ地元のさまざまな活動の役職に就いている。引き継いだものや自分で立ち上げたものなども入れるとその数は約60にもなるという。１日24時間では足りないとぼやくのももっともだ。

しかし、この阿部さんの日頃のフル回転の活動が、マーチング委員会を活性化するエネルギーの源になっている。

たとえば、**新潟商工会議所まちづくり委員会**は、新潟駅周辺の開発、ユニバーサルデザインを取り入れたまちづくり、ＩＣＴ（情報通信技術）によるまちづくりなど人口拡大のための取り組みをしており、そのなかに**マーチングの活動を大きなフックとして絡めている**という。

基本的に地域でがんばっている人を応援するスタンスであり、それが地域活性化につながっていくと考え、マーチングもその視点でイラストにするところを選んでいる。建物だけではなく芸妓さんを描いているのもその理由から。そのタイトルは「お座敷へ向かい、花街をそぞろ歩く古町芸妓」「堀と柳の風景に華を添える古町芸妓」「雪降る萬代橋を望む古町芸妓」の3点。新潟の芸妓さんは会社に就職しているOLであり、踊りなどの芸もきちんとできるが、その存在はあまり知られていない。**マーチングで描きおこした芸妓さんのイラストを見て、本物を見たいから新潟に行ってみようと思ってもらえれば地域に人を呼ぶきっかけになる**と考えている。

「今はうちだけでやっているけど、本当は立ち上げのときに新潟のいろんな企業さんとマーチング委員会を作りたかった。いずれは新潟の主要都市で各マーチング委員会ができたらいいし、イラストだけじゃなく、**シンポジウムとか商品開発**とかもやっていけたらという構想を持っています」

いわば地域活性化のプロである阿部さんの考え方は、ダイナミックであり持続性も考慮しているものだ。

　また、社内の女性企画チーム「d'onna」は、新潟出身か在住の女性クリエイターを集めて「にいがたもよう研究所」をプロデュースしており、彼女たちが創作したデザインを「にいがたもよう」と名付けてさまざまなグッズとして製品化している。まちなみイラストの展開と近い発想で、ターゲットを変えた取り組みだ。観光情報満載のご当地手帳として「新潟手帳」も毎年作成し、定番化している。

　そして、地域活性化を担う一方で、**地域の記録係としての使命**も感じている。代表的な商業地の万代シティのレインボータワーなど、イラストにしたところが次々に消えていっている。**「今、描いておかなくては」という思い**は募るばかり。

　阿部さんの忙しさは当分続きそうだ。

イラストからドローンの世界へ／石川マーチング委員会

石川マーチング委員会が扱うイラストを「能越・金沢ひとまち百景」としているのは、いずれ他の業者さんも巻き込み、広いエリアでマーチング委員会の活動を行なっていく考えがあるからだという。

能登半島は海あり山あり歴史あり。世界重要農業遺産に認定された「能登の里山里海」の千枚田、上杉謙信も愛でた七尾湾（能州の景）、豊漁のまつりである石崎奉燈祭、のと鉄道、和倉温泉、七尾城址、輪島の朝市など、さまざまな表情を持っている。

それらをイラストにし、グッズを作り、イラスト展も行なった。そして、数年経っ

会社概要

石川印刷株式会社
代表取締役社長／佐味貫義
所在地／石川県七尾市本府中町ヲ部8-2
創業／1952年7月
石川マーチング委員会
発足／2012年2月3日
百景名／能越・金沢ひとまち百景

たとき、代表の佐味さんは次の展開を考えた。

「他と差別化を図りたいと考えて、まちなみイラストにドローンを組み合わせることにしました。イラストにQRコードをつけて、ドローンで撮影した現地の動画が見られるように誘導する仕組みです。たとえば、千枚田なら、その実画像が見られる、解説も読める、春夏秋冬それぞれの魅力がわかる、というふうに、イラストが入り口になって、その場所を見たり知ったりできるというものです」

佐味さん自身がドローンパイロットを名乗り、自らドローンを操縦できる人なのでこのようなアイデアが浮かんだのだろう。

イラストはがきを受け取った人が、そのイラストを見て「へえ、機具岩《はたごいわ》ってどんなの？」と動画で見られる。また、そこに表示される「能登に織物の技を広めた織姫が山越えの途中、山賊に襲われ機織り具を海に投げたという伝説があり、大きい岩の女岩と男岩の夫婦岩である」という説明を読める。それは、「そこに行ってみたい」という動機を呼び起こすきっかけになるかもしれない。イラストから地域の魅力を何倍にも広げる方法がここでも始まっている。

イラストの風景がユネスコ認定に／福博よかよかマーチング委員会

「来年は会社が古稀、私自身も古稀、そろそろ**地域に恩返し**しないと。息子が地元に帰ってきたので会社の経営をバトンタッチして、これからはマーチング活動に専念したいと思っています」

平川さんは、**博多にしかない場所、全国からここに来た人が思い出すような風景、ということをポイント**にしてイラストにする場所を選んできたそうだ。

大濠公園などの歴史的な場所、博多リバレインやキャナルシティ博多などの商業施設、ウォーターフロントから見る大型客船など。

松影堂印刷株式会社
代表取締役／平川猛展
所在地／福岡県福岡市博多区吉塚5-13-40
創業／１９５０年1月
福博よかよかマーチング委員会
発足／２０１１年6月29日
百景名／福博よかよか百景

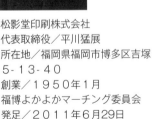

大きなやりがいを覚えたのが、博多祇園山笠のイラスト。博多祇園山笠は、櫛田神社の奉納行事である。平川さんは取引先のご縁で櫛田神社の崇敬会に入っていたので、神社と山笠の振興会に相談してから博多祇園山笠の風景を何点かイラストにした。そして、それを切手シートにして、崇敬会の総会でお披露目すると、「こんなの見たことないばい！」と喜ばれ、振興会から市役所において副市長に贈呈することにまで発展した。そのことは２０１４年の地元紙の新聞記事にも取りあげられた。**地元のイラストがこんなに喜ばれるなんて、といううれしさとともに、やはり博多はいいなあと故郷への愛着が一段と強くなった経験だった**という。

その2年後、**博多祇園山笠はユネスコ無形文化遺産に登録された**。そのときはマーチング委員会にもイラストやはがきの申込みが増えたという。

「博多の人は〝のぼせもん〟。熱くなりやすく、飽きやすい。だから、どんどん継続して飽きさせないようにして、これからはｗｅｂとの融合を考えて発展させていこうと考えています」

地元のためにがんばることが平川さんのこれからの生き甲斐のようだ。

九州大学の移転

2014年、九州大学本部は箱崎地区から伊都地区へ移転を始め、2018年に完了した。新キャンパスは、約262万平方メートルの敷地に、21世紀未来型新キャンパスとして最先端の建物が建設されている。

役目を終えた箱崎キャンパスのレンガ造りで大正の雰囲気を残したレトロな建物は、一部の保存を残し、ほとんどが解体されることになった。

福岡よかよかマーチング委員会では、移転が始まった時期にその歴史的なキャンパスの風景をイラストにしてカレンダーを作成し、大学の生協で販売した。

写真よりも温かみのあるキャンパスの景色は思い出をやさしく包み、現役の学生や職員だけでなく卒業生や関わってきた人たちの心にいつまでも残るだろう。

イラスト：福博よかよかマーチング委員会

第8章

自治体も応援する
マーチング活動

しが新事業応援ファンド助成金／ながはまマーチング委員会

印刷業界の新聞などでマーチング委員会の活動が始まったときから興味を持っていたという立花さん。

「個人では地域の観光協会の役員やまちづくり関係のＮＰＯ団体の理事などのボランティア活動をしていましたが、会社としてまちづくりのお手伝いができることがないかなと考えていたので、〝イラストでまちおこし〟というタイトルに惹かれました。ちょうど、滋賀県の新事業応援ファンドという助成金があって、商工会からこれを活用して何かやったらどうかと言われていたので、だったら、イラストでまちおこしをしようと思ったんです」

会社概要

谷口印刷株式会社
代表取締役／立花丈太郎
所在地／滋賀県長浜市高月町高月618-1
創業／１９２０年
ながはまマーチング委員会
発足／２０１４年10月10日
百景名／ながはま ふるさと百景

立花さんが活用した「しが新事業応援ファンド助成金」は、公益財団法人滋賀県産業支援プラザが行なっており、**地域資源を活用して新商品やサービスの開発に取り組む中小企業を支援**するものだ。事業計画書を提出し、書類による1次審査を通過したらプレゼンテーションの2次審査があり、採否が決定される。助成金の金額は上限300万円の3分の2、つまり300万円使ったらそのうちの200万円が助成されることになる。

2014年にこの助成金がおりることになった立花さんは、社内に新事業委員会を立ち上げてマーチング活動をするメンバーを決め、早速、イラストの作成を始めた。

長浜は、伊吹山系の山々と琵琶湖に面しており、琵琶湖の北エリアに位置し、湖北平野や湖岸の風景があり、国宝の十一面観音など観音の里としても知られる。かつての近江の国で、豊臣秀吉が初めて築いた城・長浜城があり、北国街道や琵琶湖水運など交通の要所としての歴史も持つ。今でも年代物の家屋も多く、古き良き「田舎のふるさと」というイメージそのものだ。

そこから、木之本のまちなみ、西野水道、西野薬師堂の十一面観音、竹生島《ちくぶしま》、余呉川の桜と菜の花、高時川のこいのぼりなど現在まで49点をイラストにしている。

立花さん自身が気に入っているイラストは、ヤンマー会館。ヤンマーの創始者が地元の長浜市高月町出身で、子どもの頃から今日まで通学や通勤のときに毎朝見ながら通ってきた場所なのでひときわ思い入れがあるという。

これこそ、マーチングの原点であるまちなみへの思いだ。

また、まちの文化や歴史をイラストにして残すことも意識している。毎年7万人が集まる紅葉の名所鶏足寺《けいそくじ》。5年に1回行われる茶碗まつりは陶器を積み上げた独特の山車が出る珍しいもの。明治初期に建てられた開知学校。現存する日本最古の駅舎である旧長浜駅舎など。

北国街道沿いの古い街並は黒壁スクエアと呼ばれてきたが、ノスタルジックな風景はだんだん失われてきている。その変化を悔やみつつ、黒壁ガラス館もイラストにした。ここは明治時代に建てられ黒漆喰の壁だったことから黒壁銀行と呼ばれてきた銀行を改装したところだ。

イラスト展は「観音の里ふるさとまつり」の特設会場、大浦十一面腹帯観音堂、J

A北びわこ各支店ロビー、地元の店舗などで行なってきた。
「駅からまっぷ」パンフレットの表紙、北びわこ農業協同組合発行の広報誌「広報北びわこ」の表紙、小谷城スマートインターチェンジ開通の記念品に、旅館のお部屋のアメニティグッズに、など、イラストやイラストグッズは多彩に活用されるようになってきた。

「このあたりは町単位で分かれていた地域が合併して長浜市になった経緯がありま す。ひとつになった長浜市は広いので、同じ長浜市民でも自分の地域は知っているけれど他のところはあまり知らないという人は多い。イラスト展をやると、これはどこにあるのか、という質問が多く、興味をもってくれているのがうれしいですね。自治体からも、観光マップや名刺などにイラストを使いたいなどいろいろな問合せがきています」と立花さんは語る。

地元の新聞や情報誌、テレビなどでマーチング委員会の活動がしばしば紹介され、認知度も上がってきている手応えがあるという。

京都産業21「きょうと元気な地域づくり応援ファンド」／かめおかマーチング委員会

公益財団法人京都産業21は、（財）京都府中小企業振興社、（財）京都産業情報センター、（財）京都産業技術振興財団が合併して誕生し、京都の産業の振興貢献を目的としている。その一環として補助金や助成金の支援も行なっており、その中の「きょうと元気な地域づくり応援ファンド」という助成金を利用したのが、亀岡マーチング委員会だ。京都地域力ビジネスをする者、という対象条件に合致した。地域づくり事業（＝マーチング委員会活動）に使った300万円の3分の2、200万円の助成金を2年連続で受けている。

会社概要

内藤印刷株式会社
代表取締役／内藤一徳
所在地／京都府亀岡市西町３９
創業／１８７２年
かめおかマーチング委員会
発足／２０１１年12月28日
百景名／京都・亀岡ひとまち百景

亀岡マーチング委員会を主催する内藤さんは、創業明治5年の会社の5代目社長。地元の古民家を買い取りそのままオフィスとして利用していることからも、地域への愛情が深いことがうかがえる。

「〝先義後利〟の石田梅岩さんは、ここ亀岡の生まれなんです。だったら、うちがさしてもらわないと」とマーチング委員会を始めた動機をこう語る。

イラストを描く場所のポイントとしては、子どもの頃遊んだ場所、自分が通った小学校や中学校など市民にとって懐かしい場所を挙げた。明治から何代にも渡って同じ小学校に通うのは当たり前のような土地柄なので、昔の学校や遊び場をイラストにすると喜ばれる。

イラストがある程度揃ったところで、ガレリア亀岡など公共施設でイラスト展を行なった。「来場者がイラストを見ながら昔話に花が咲く。それを見ている自分もこんなにうれしいんだ」と、マーチングがもたらす幸せの一歩を踏み出した。

活動を始めてまもなく、イラストは亀岡市の職員や学校の先生の名刺に採用されるようになり、学校の創立記念誌にも使われた。そのほかにもイラストはがきを使ったお客様が「先方にものすごく喜んでもらえるんや」と言ってリピーターになってくれたという。イラスト入りのカレンダー、年賀状なども人気がある。3年くらいすると波及効果を感じられるようになり、売上も伸びていった。

KBS京都の目に留まって取材を受けてテレビで活動が紹介されると、それを機にさらに認知度があがりイラストのファンが増えていった。

予想外だったのは、**ここをイラストにしてほしいというリクエストがけっこう寄せられること**。保津川下り、トロッコ、竹林や渡月橋などの嵐山三景の観光名所もイラストにして、外国人旅行者向けにグッズの売上が伸びている。

イラスト展で「あなたの写した写真をイラストにするコンテスト」を企画したところ、写真好きの市民から多くの応募があり、そこから夢コスモス園などのイラストが生まれた。亀岡幼稚園の園舎のイラストは、新築して移転することになった最後の記念式典で配布する冊子の表紙として役立った。ある学校のイラストが入ったカレンダーは毎年校長先生が他の先生の注文もとりまとめてくれる。

こうして応援してくれる人が増え、仕事にもつながることも多いという。

順調なようだが、内藤さんはまだまだ満足していない。

「小さい会社なので、マーチング専門の者がいない。うちの営業がやっていてなんとなくうまく転がっている感じ。ずっと続けることで先が見えてくるのかなと思います。これからもイラストを増やしていきたいですし、イラストを通じて爆発的にヒットするようなグッズを開発したいですね」

亀岡を愛してやまない内藤さんの夢は広がる。

弘前市のPRを支える地元の力／津軽ひろさきマーチング委員会

「東日本大震災の津波の映像を見た衝撃は忘れられません。たくさんの方が亡くなっているなかで、自分はなんで生きているんだろうと。生かされている、そう思ったら、何かできることはないかと考えるようになりました。震災直後の弘前さくらまつりは、前年に東北新幹線全線開業したにも関わらず、人出が少なかった。大好きな弘前のために何かしたいと強く思ったその時期にマーチング委員会の活動を知り、やるべきことが下りてきたという感じで、すぐに利根川さんに電話をしました」

会社概要

有限会社アサヒ印刷
代表取締役／漆澤知昭
所在地／青森県弘前市大字青樹町3-6
設立／１９８２年１１月
津軽ひろさきマーチング委員会
発足／２０１１年7月20日
百景名／ひろさきひとまち百景

まったく面識のなかった弘前の漆澤さんは私に電話で「マーチングをやりたい」と言い、「やり方を教えてください」とうちの会社に押し掛けてきた。その勢いでマーチング委員会を立ち上げ、私の提唱するＴＴＰ（徹底的にパクれ）をきちんと守って、見よう見まねでぐんぐんと活動の成果をあげている。

弘前は、弘前城、リンゴ狩りなど観光スポットも多いが、戦争で空襲を受けなかったので焼けずに残っている古い和風建築や洋風建築が独特の街並の雰囲気を醸し出しているのも特長だ。

この地に洋風建築が多いのは、津軽藩の城下町として栄えた弘前は明治以降「学都弘前」として教育に注力し、早くから外国人教師を招いてきたこと、キリスト教の伝道も早く、キリスト教の学校も多く設立されたから。明治から大正にかけて、教会、宣教師館、外国人教師の住まいなどとして洋館が建てられていったのだ。

また、日本近代建築の巨匠と言われる前川國男の手がけた建築物もいくつも見られる。前川は、フランスに留学し、ル・コルビュジエに師事した経歴を持ち、モダンなデザインが特徴的。弘前市庁舎本館、弘前市民会館、弘前市立博物館など弘前に八つの建築物が遺されている。

漆澤さんが最初にイラスト展を開いたのは、弘前市立百石町《ひゃっこくまち》展示館。イラストを見て「きれいで感動する」「心に残る」という感想が多く、イラストを見ながらおじいさんやおばあさんが幼少時代のことを話し出すなど、目の前で語ってくださるのを聞いて**「イラストの力ってすごいな」と実感**したという。その後もイラスト展は毎回会場を変えて継続的に開催しており、ポスター、チラシ、Ｆａｃｅｂｏｏｋなどで告知。多いときは３日間で６００人以上の来場者を集めている。

イラストを使った名刺は市役所の職員に採用され、人事異動のたびに注文が発生する。そこから別の仕事にもつながっている。そのように、イラストから本業の受注に結びつくことが増えていった。

「仕事を増やそうではなく、皆さんに知ってほしいという思いでやってきました。私は地元の高校を卒業後は北海道の大学に進学し、就職もそこでしたので、しばらく弘前を離れていた時期があったんです。父の会社を継ぐために帰ってきて、そのときに〝やっぱり弘前はいいなあ〟とつくづく思いました。だから、**地元のために少しでも**

何かしたいといつも考えています」

また古い街並についても残したいと「ひろさき古街《ふるまち》百景」と名付けて行なっている、**記憶と記憶の体験型イベント&イラスト展も好評**だという。県民生活文化課や県立郷土館に協力してもらって集めた地元の白黒写真から、イラストにしてほしい風景を投票してもらう。さらにその白黒写真について知っている情報を募る。たとえばこの建物を知っている、屋根は青だった、など記憶をたどれば白黒写真が息づいて来る。

世代を超えて「昔はこうだったんだよ」と話し合うおばあちゃんとお孫さんも展示会では多く見られる。まさに世代を超えた感性のコミュニケーションではなかろうか。津軽ひろさきマーチング委員会の活動は、常に進化し、感性に響くコミュニケーションを創造し、着実に成果をあげているといえるだろう。

みんなで描いてみよう、わたしのふるさと

津軽ひろさきマーチング委員会のイラスト展では、ときどきイベントとして、参加型のイラスト教室を開催している。イラストレーターのウエケンを招いて、指導してもらいながら、実際に描いてみるのだ。

一般市民を対象にしたワークショップでは、絵手紙を描いてみた。ウエケンが弘前の四季の写真を素材として用意し、そこからお手本のイラストを描いてみせる。その後、それぞれが自分の好きな写真を選んでイラストに描いてみる。参加者は子どもから大人まで幅広い年齢層で、イラストを描くことによって自分の住んでいるまちの魅力をじっくりと味わえるひとときになったようだ。

できあがった作品は「こころを伝えるひろさき絵手紙展」として弘前郵便局で展示された。

この取り組みは**弘前市市民参加型まちづくり１％システム対象事業（市民自らが実践するまちづくりにかかわる経費の一部を個人市民税１％相当額を財源に支援）に認定**され、新聞記事などでも多く紹介されて参加希望者が増えている。

イラストを「見る」から「描く」へ。これまでより一歩進んだ活動だ。

イラスト：津軽ひろさきマーチング委員会

ＭＩＮＡＴＯシティプロモーションクルー認定事業／浜松町・芝・大門マーチング委員会

マーチング委員会の特別協賛企業である３社が、それぞれの事業拠点のある地域のマーチング活動を行なってくれている。

コニカミノルタジャパンは、浜松町・芝・大門マーチング委員会（担当／日比野　薫さん）。

富士フイルムは、麻布青山マーチング委員会（担当／福里正幸さん）。

リコージャパンは、田町・白金マーチング委員会（担当／青木麗子さん、伴　仁さん）。

コニカミノルタジャパン株式会社
担当／日比野 薫
所在地／東京都港区芝浦１-１-１浜松町ビルディング
設立／１９３６年12月
浜松町･芝･大門マーチング委員会
発足／２０１１年6月1日
百景名／浜松町･芝･大門百景

3つのマーチング委員会は港区連合のチームともいえる。

そもそも、コニカミノルタが、2014年8月に芝浦に移転してきたことがマーチング活動を始めるきっかけになったという。新参者だから気づくことができるこのまちの魅力をイラストでアピールしたいと、日比野さんがイラストづくりを始めた。しかし、港区の人たちにイラストを見せても、話は聞いてくれるが、反応はイマイチ。港区は何もしなくても人が集まってくるエリアだからだ。2017年、フリーペーパー絵旅日本『in Japan』の中に港区のイベント情報を入れたいと思い、港区役所の地域振興支援部産業振興課へ足を運んだ。『in Japan』は、旧芝離宮恩賜庭園などの観光スポットや、ホテル、レストランなど置いてもらえる場所をどんどん拡大している。羽田空港が近いので、外国人観光客も訪れるところが多い。

そこで、マーチング委員会の取り組みについてじっくり話をしたところ、**港区の振興活動への支援**が始まるから応募したらどうかと勧められた。それが**「MINATOシティプロモーションクルー認定事業」。港区の魅力やブランドを発信する団体や個人を「クルー」として、その取り組みに対して区がさまざまな支援をする仕組み**だ。

この認定を取得してからは、区のバックアップが受けられるようになり、観光協会ともつながって活動はぐんと発展した。

まちなみイラストの展示は、浜松町ビルのコニカミノルタのオフィスに展示コーナーを確保して常設。また、同ビル３階にビル管理会社のＮＲＥＧ東芝不動産が作ったテナント向けの施設ではお茶を飲んだり昼寝をしたりできる広い休憩フロアがあり、そこには**全国32ヵ所のマーチング委員会のイラストをイベント時に展示している。これはビル全体でみると地方出身者が多いので、自分の出身地のイラストがあれば喜ばれるという配慮**からだ。また、港区役所９階には誰でも利用できるレストランがあり、そこにも区主催のイベント時にマーチング委員会制作のイベントチラシを置いている。港区役所からは、地元の祭りやフォーラムの告知チラシなどにイラストを使いたいという要望が来るようになった。

地域のさまざまな団体や人とも積極的につながっている。芝エリアで１００年以上お店をやっている約30店が集まった「芝百年会」や、増上寺周辺の商店街である「大門振興会」などと連携し、イラスト紹介だけでなく、実際に歩いてみる企画を実施。

区民のボランティアの方々とコラボし、イラスト入りの名刺を使っていただいている。
大企業ならではの悩みとして、人事異動によりマーチング委員会の担当者が変わっていくことが課題となっている。コニカミノルタジャパンの日比野さんは専任だが、ほかの2社はバトンタッチが繰り返されていく。そのような状況でも、着実に活動は進歩しているのがありがたい。
「印刷会社は我々のお客様。そのバックアップのために協賛させていただいていますが、港区のマーチング委員会は自社実践活動として参加しています。やってみると皆さんのご苦労もわかるので」（コニカミノルタジャパン　日比野さん）
「弊社の13階のショールームにイラスト展示スペースを設ける予定です。以前、マーチングアカデミーを弊社のセミナールームで実施し、そのときに声をかけた取引先がマーチングへの入会を検討中です」（リコージャパン　伴さん）
「東京の営業が担当していますが転勤が多く、私で5代目です。まだ担当になったばかりですが、できることからやっていきたい」（富士フイルム　福里さん）
3つのマーチング委員会の連携による港区の魅力のアピール活動に注目したい。

東京オリンピックがらみのリクエスト

2020年の東京オリンピックは、港区のマーチング委員会に少なからず影響を及ぼしている。ここをイラストに描いてほしいという地元からのリクエストは、オリンピックに関連した場所が多い。

たとえば、増上寺のイラストは5点あるが（2019年3月時点）、「正面にある三解脱門は重要文化財でオリンピックが終わったら改修されるので、その前にイラストを描いておいてほしい」というような感じだ。

また、東京プリンスホテルは1964年の東京オリンピックの時に政府の要請で外国の要人をもてなすホテルとして開設された由来を持っており、2度目のオリンピックを迎える前にぜひ描いてほしいという。

そのほかにも世界貿易センタービルはオリンピックが終わったら壊すことになっているから……など2019年の下期はすべてお客様からの要請でイラストにしているのが港区のマーチング委員会の実状。2020年の東京オリンピックにより街の変化が生じることを、イラスト活動で実感した。

イラスト：浜松町・芝・大門マーチング委員会

次のステージに向かって

地方創生SDGsは、マーチング委員会そのものだ

世界を変えるための17の目標『SDGs（エス・ディージーズ）』が2015年9月に国連総会で採択された。SDGsとは、Sustainable Development Goals の略で、持続可能な開発目標という意味だ。途上国も先進国も含めた世界中の一人ひとりが関わる取り組みで、2016年1月から実施が始まっている。

日本でもさまざまな取り組みが始まっており、マーチング委員会は「地方創生」の視点から、内閣府SDGs地域創生官民連携プラットフォームの一員としてスタート

している。この活動にあたり言われたのが、「地方創生に大事なことは、自分の地域を好きになることから始まる」ということ。

なんだ、これは私たちがずっとやってきたことではないか！

マーチング委員会にやっと時代が追いついてきたといってもいいかもしれない。

ＳＤＧｓにある17の開発目標のうち、マーチング委員会として取り組むのは次の項目である。

・住みつづけられるまちづくり
・海の豊かさを守ろう
・陸の豊かさを守ろう
・パートナーシップで目標を達成しよう

プラットフォームにおいては自治体、公益団体、地域企業などと交流しながら、まちなみイラストを提供していく。マーチングアカデミー塾ではＳＤＧｓの理解を深めるための研修を実施し、マーチング委員会のメンバーは各地域で広めていく役割を果たせるようにしたいと考えている。

藩の数だけマーチングを増やしたい

誰もやっていないことを始めるにはかなりのエネルギーが必要だ。

前例がないからノウハウは自分が作り出すしかない。

それでもこつこつとやってきたマーチング委員会の活動は、各地で知られてきている。テレビ、新聞、経済誌などにも紹介され、地元ですっかり認知されているマーチング委員会も多くなっている。

しかし、まだ全国で64ヵ所。

それが私には物足りない。

幕末の日本にはおよそ３００の藩があったとされている。

藩は、各地の独立国家のようなもので、そこを治める大名の個性も地域色も豊か。北から南まで細長い日本列島は、さまざまな気候風土があり、各地の郷土そのものが藩であるといえるだろう。

だから、その数だけマーチング委員会があっていいと考えているのだ。

もっともっとマーチング委員会を増やしたい。

藩の数だけ各地にマーチング委員会ができるといい。

マーチング委員会の活動に共感し、「うちの地域でもやります！」と手を挙げてくれる人たちを待ちたいと思っている。

そして、地元愛や地元のために役に立てる喜びをわかちあいたい。

利根川英二（トネガワエイジ）

1959年、東京都文京区湯島生まれ。
2008年5月に湯島本郷マーチング委員会を創設。
湯島本郷に根ざした情報サービスを行いながら
地域の住民・商店・企業の地域活性化促進を支援する。
2010年利根川印刷株式会社代表取締役社長に就任。
2011年4月社名を株式会社TONEGAWAに変更。
2012年2月20日一般社団法人マーチング委員会を設立登記し、
同年2月23日同委員会の全国大会を開催。
理事長を経て、マーチングアカデミー塾長に就任し全国的に活動。
湯島本郷マーチング通信発行人兼編集長。

ふるさとを再生させる　まちなみイラストのチカラ
共感と感動が「ひと」と「まち」を変える

2019年7月25日　初版発行

著　者　利根川英二
発行者　富永靖弘
印刷所　萩原印刷株式会社

発行所　東京都台東区台東2丁目24　株式会社 新星出版社
〒110－0016　☎03(3831)0743

ISBN978-4-405-13008-1